有錢人

換你做

管好4筆錢，財富滾雪球

且慢基金投資研究所｜著

Chapter
3　堅持投資理念

Chapter

4　投資達標

與波動爲伍，正視風險與績效

1720 年 12 月的某一天，偉大的科學家牛頓（Sir Isaac Newton）在日記中寫下了一句廣爲流傳的經典名言：「我能計算出天體運行的軌跡，卻難以預料到人性的瘋狂！」據聞這是牛頓在炒股損失了十年薪水之後所發出的感慨。他所感慨的既包括世人的瘋狂，也隱含著他對自己在投資過程中，不理性和貪婪的譴責。

投資從來都不是一件容易的事情，不但要打敗對手，還要戰勝自己。

三百年過去了，我們現在面臨的情況遠比牛頓當年所遭遇的更加複雜，尤其是在政府機關陸續祭出相關法規，打破了投資人保本、保收益的「慣例」之後，人們驚訝地發現，連原本收益穩定，各家銀行推出的金融理財產品都開始出現波動和虧損。許多人這時方才意識到，我們不得不與波動爲伍，才有可能透過投資獲利。

透過正確的方式來投資賺錢，從來不是一件易事，很多人理解的投資，可能尚停留在聽某人推薦某個產品，之後就跟風買進的階段，殊不知投資就

是要科學且合理地謀劃，需要清楚理解自己的資金規劃、理財目標、風險評估等。很多人在開始投資之後，一旦面對資產價格下跌就會開始手足無措，主因即在於投資之前並未做好準備工作。越是想要賺快錢，往往就是越賺不到。

過去八年，幫助投資者進行正確的投資，一直是我們研究的重要方向。在此期間，透過我們的服務，為數十萬家庭做好投資，並在各種管道發表和分享諸多投資方法和理念。但即使有上述這些成果，我們卻仍從未把這些投資中最重要的事情為大眾做有系統、完整的梳理和分享。我們認為，系統的梳理是有價值的，因此我們整備了團隊（石逸斌、邱銳、陳龍、賴建晶、張月、王悅、梁永輝），用了一年多時間編寫了這本書，就是想要讓它成為想認真學投資的朋友們的入門讀物，幫助大家瞭解投資是何物，並且建立正確的投資理念和框架。

讀書有時正好與開啓一段投資歷程也有相似之處。開啓一段投資之前，除了瞭解可能帶來的收益，我們更要理解這當中恐怕需要付出的成本與風險。讀書同樣也是如此，首先要瞭解這本書能否為你帶來符合預期的價值，否則就會在讀完之後大失所望，徒然浪費寶貴時間。

所以，關於本書想要帶給大家的價值，我覺得有必要在一開始就說明白。

　　我們並未在書中傳授大家賺快錢的方法，有的只是合乎科學、理性的資產配置和逐步奠基的投資觀念；本書更不會提供包賺不賠的靈丹妙藥，有的只是教大家如何與波動共處並透過長期複利而來的收益策略；此外，看完這本書也無法讓你成為投資大師，但我們相信可以幫你取得更好的投資結果。最後，本書還將與大家分享一些經典的投資理念和成功投資者的思考方式，協助大家更妥善地理解投資這個學問。

　　以上種種，若也符合你的預期和想法，那麼歡迎你跟我們一起，開啟一段關於投資的成長之旅吧！

林傑才

盈米基金副總裁、且慢負責人

Chapter 1

正確的投資觀念

1.1 投資的重要性
1.2 如何學投資？

1.1 投資的重要性

財富 VS. 金錢觀

獲得金錢的方式……

人們獲得財富主要有以下兩種方式。一種是「主動收入」，例如上班工作獲得的勞務報酬，或是用體力跟智力去換錢；另一種則是「被動收入」，意指什麼都不做也能自動賺到的收入，例如把資金放在一年期的銀行存款，待一年過後你所能獲得的利息，就是被動收入。

多數人前半生的收入來源還是主動收入，這些資金用在滿足我們日常生活開銷和基本消費後，剩下來的就可以用來獲取被動收入，這就是投資。

投資是為了讓錢可以保值、增值，就如同雞生蛋一樣，我們的本金就是母雞，而收益就是孵出來的小雞。

如何讓我們得到更多的小雞呢？

1.有足夠數量的母雞，才能產生「規模經濟」（Economies of scale）。在投資行為中，想要讓本金盡可能變多，可以透過努力工作、升職加薪來實現，也可以利用兼職副業來獲取。

有錢人換你做

本金越多，增值速度越快，所以我們常會建議初入職場的小白，把更多的精力投入工作當中，一個人工作的前十年是提升最快的黃金期，千萬不要把時間浪費在其他地方。

2.要有完整、理性、科學的孵化技術，提升孵化成功率。也就是在投資時要有正確的理財觀念和知識，這樣才能提高投資的勝率。

所謂「工欲善其事，必先利其器」。本書的核心價值即在於提升投資認知，幫助大家建立正確的理財觀念，帶領讀者們學習如何進行資產配置和投資後的財務管理。雖然投資獲得的收益統稱為投資收益，但是來源完全不同，主要分為兩大類，一是股權類收益，二是債權類收益。

我們先說債權類收益，這就好比是我們購買銀行理財產品，到期之後的收益就是債權類收益。這在本質上是一種借貸關係，我們是債權的持有人，按照約定收取利息。常見的債權類產品包括銀行推出的各式存款方案、國債、債券型基金等。

投資這一類產品的最大風險是違約風險，而非產品的價格波動。例如某航空公司破產，旗下發行的一支債券暴跌至29 元，而這支債券的發行價格是 100 元，帳上利率是 5.99%。很明顯地，若為了貪圖 5.99% 的收益，那麼投資者便須承受超過 70% 的虧損。

金錢的價值

金錢的本質就是一種購買力。

人們在原始社會中習慣以物易物；進入農耕社會，人們為了方便交易所以發明了錢幣；而後再逐漸演變成為紙幣，甚至是目前常用的塑膠貨幣。

在理解了這層關係後就可以明白，投資是為了用現在的購買力去換取未來更高的購買力。買進某企業的股票，就相當於變成這個企業的股東。隨著公司經營得越來越好，我們的股票也會越來越值錢，待當日後把股票變現，我們的購買力就會比之前大幅提升。正如華倫 · 巴菲特（Warren Edward Buffett）所說：「投資是為了在未來更有能力消費而放棄今天的消費。」

當然，投資並非穩賺不賠，債券存在違約風險，股票也會因為公司經營不善而跌價，這時我們的購買力就會縮水。所以，我們要做的就是提高自己在投資這件事上的正確認知，爭取在賠率不變的情況下，提高勝率。

那怎麼樣才算是提升購買力呢？這就涉及一個概念：通貨膨脹。通貨膨脹是指物價上漲，讓錢不斷貶值。所謂「錢變薄了……」在此說的就是通貨膨脹。

如果我們想要達到提升購買力的目的，那麼就要讓投資收益跑贏通貨膨脹。簡單使用 CPI（消費者物價指數）來衡

量通貨膨脹率。CPI 代表的是與大眾生活息息相關的商品價格，例如食品、服裝、生活用品、醫療保健等。而（圖 1-1）即是全球大類資產年平均報酬率，在此期間，美國的 CPI 年均增長在 4.18% 左右。對比全球大類資產年平均報酬率，所有資產幾乎都能跑贏通貨膨脹，大宗商品跑贏得最少，而眞

圖 1-1 國際大型資產股的年平均報酬率（1964 年～ 2013 年）

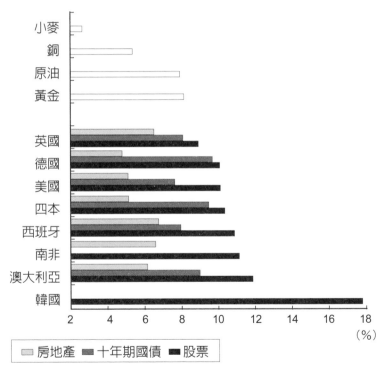

資料來源：國際清算銀行、彭博、國際貨幣型基金組織、世界銀行、興業證券研究所。

正能長期大幅跑贏通貨膨脹的就只有股票（此亦包括投資股票的各類型基金）。

對抗通貨膨脹的本質就是對抗貨幣匯率波動，隨著全球經濟持續發展，每年的貨幣總量也會隨著經濟活動增加。我們應該投資那些在社會經濟活動中更有議價權限的企業，這些企業提價能力強，可以跑贏物價平均上漲的速度。而身為這些企業的股東，自然可以分享這些超額收益。我們接著來看看過去十年，各板塊的漲幅情況（見表 1-1）。

食品飲料這個行業在這十年間，漲幅高達 423%，居各個行業之首，這說明必選消費這個板塊，對於商品漲價的容忍度較高。人們日常生活中買飲料，價格從 15 元漲到 18 元，我們其實沒什麼感覺，但是如果要買一輛車，從 100 萬元漲到 120 萬元，我們就會覺得漲價太多了。但是這兩種商品的漲價幅度都是 20%。

在漲幅前十的行業中，食品飲料、家用電器、醫藥生物這些板塊都是與我們日常生活息息相關，對消費者議價能力強，自然跑贏通貨膨脹的幅度也較大。而 3C 電子、汽車零售等行業受益於中國近十年的經濟起飛，商品需求量大增，市場在供不應求的大背景下，相關產品的價格也隨之上漲，進而大幅跑贏通貨膨脹。

有錢人換你做

表 1-1 「申萬一級行業指數」漲幅最高排名

序號	證券簡稱	區間漲跌幅（%）
1	食品飲料	423.5414
2	社會服務	375.7501
3	電子	352.5685
4	家用電器	345.3812
5	電力設備	300.8502
6	電腦	244.2935
7	醫藥生物	240.2186
8	基礎化工	195.9711
9	汽車	178.3644
10	美容護理	174.2276
11	國防軍工	160.0657
12	建築材料	150.1824
13	農林牧漁	118.8151
14	非銀金融	113.0918
15	輕工製造	111.6495
16	機械設備	94.7663
17	有色金屬	91.7632
18	綜合	82.8829
19	銀行	74.4884
20	公用事業	67.9954

備註：申萬一級行業指數是由申萬研究所指定發佈的股票指數。申萬研究所是中國賣方研究機構中實力最強的組織之一。
資料來源：萬得資訊，統計時間為 2012.01.01 ～ 2021.12.31

　　我們再看看近十年內漲幅最低的行業排名（見表 1-2），煤炭行業是唯一近十年還在虧損的行業，主因是 2008 年國

際金融危機後，中國四萬億計畫刺激基礎建設，引進大宗商品的大繁榮，煤炭在當時充分受益。而後煤炭受到環保議題影響逐漸萎縮，導致十年後仍在虧損。

商貿零售、紡織服飾這些行業受網際網路衝擊巨大，之前網際網路不發達的時候，跨地域的小商販模式的經營利潤頗豐，網際網路電商和跨境電商的興起，讓消費者可以貨比三家，大幅壓縮了零售行業的利潤，景氣自然較低。

所以，投資的選擇要自上而下，選擇那些長期景氣度較高的行業，才能獲得更高的超額收益。

投資不是一夜暴富

前面說了很多投資的必要性和能帶來的收益，那麼大家是不是有點躍躍欲試了？但我奉勸大家還是先請冷靜一下。記住一句話：高收益必會帶來高風險，而**高風險不一定會帶來高收益**。

通常我們會用十年期國債收益率（本益比）衡量投資的風險。高於這個收益率的就是風險收益率，低於這個收益率的可以看作無風險收益率。

再從（圖1-2）中可以看到，十年期國債收益率是在不斷波動的，這與央行利率有較強的相關性，在利率降低的背景下，十年期國債的收益率也在不斷下行。

表 1-2 「申萬一級行業指數」漲幅最低排名

序號	證券簡稱	區間漲跌幅（%）
1	煤炭 -	21.8078
2	商貿零售	0.5564
3	紡織服飾	8.9637
4	石油石化	32.3051
5	建築裝飾	50.5943
6	鋼鐵	52.4517
7	交通運輸	52.8795
8	通信	56.3797
9	環保	56.6052
10	房地產	58.2200
11	傳媒	66.2962
12	公用事業	67.9954
13	銀行	74.4884
14	綜合	82.8829

資料來源：萬得資訊，統計時間為 2012.01.01 ～ 2021.12.31

　　這就意味著我們也要採用動態思考來評估投資風險。十年前設下，年化報酬率為 8% 的目標，達成率可能並不高，但十年後這個目標想必是更不容易達到。市場上很多理財投資相關的課程或書籍，習慣以一個靜態的資料來指導大家進行相關投資，這其實是有很大問題的。

　　投資最忌諱存有一夜致富的心態，這將會讓很多人陷入風險而不自知。過去幾年 P2P（Peer to Peer），個人對個人的網貸[1]非常流行，彷彿 6% ～ 14% 報酬率的產品到處都是，

但等到足額兌付一段時間後，市場上就開始出現大爆雷。原因就是 P2P 網貸所提供的報酬率過高，所以只能拆東牆補西牆，最後便是導致所有的貸款都無法兌付。

高收益騙局屢見不鮮，錯誤的投資認知和追求一夜致富、高收益的心態，才是導致巨額虧損的根源。所以請大家一定要對風險具備充足的認知才行。

在市場中常見的現金類投資，目前年化報酬率通常在 3% 以下，例如貨幣型基金、銀行定存、銀行活期存款、大額存單等。這些產品的投資風險相對較低，本金虧損的可能

圖 1-2 十年期國債，獲利率曲線圖

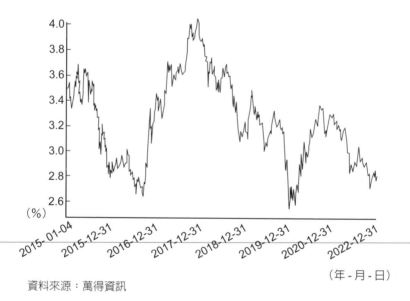

資料來源：萬得資訊

（年 - 月 - 日）

性也極低。

　風險再高一級的則是債權類投資，目前年化報酬率通常為 4% ～ 8%，如債券基金、「固收＋」[2] 等，這些產品會有本金損失的風險。

　風險較高的通常是投資股票，預期年化報酬率可達 7% 以上，如股票、股票型基金等皆是，這些產品會有本金虧損幅度較大的風險。風險最高者則是各類型金融衍生商品，如期權、期貨等。這些產品往往都自帶槓桿，稍不注意就會有爆倉的風險，我們通常不建議一般投資人貿然進入。待理解風險之後，我們要做的就是學會慢慢變富有……。

要賺多少錢，才能財富自由

　真正的財富自由應從以下兩個角度去思考，一是金錢上的自由，另一則是精神上的自由。金錢上的自由和每個人對物質的欲望有關，有人頓頓大魚大肉依舊不滿足，有人則是天天白菜豆腐也很幸福。在基本的生活需求得到保障的前提下，擁有足夠的資本可以自由投入自己想做的事情，這就是財富自由最基本的標準。你可以記錄一下個人／家庭每年的生活開支，並在此基礎上多預留 30% 的預備金，如果你的被動收入超過了每年開支的 1.3 倍，那麼你基本上便可實現金錢上的初級財富自由。

更高層面則是精神上的自由。很多人終其一生不做投資也很幸福快樂。雖然物質上並不富裕，但精神卻很富足，在自己擅長的領域發光發熱，這在某種意義上也算是一種「財富自由」。

💰 財富增長法則

很多人在投資時都追求財富的快速增長，但並非人人都能如願以償，畢竟這中間充斥各種彎路與「陷阱」，一不留神就會前功盡棄。例如一個投資新手在下場前，最容易忽視的點是，你可以獲得高收益率，但未必能賺到錢。

多數人進入資本市場，容易被高收益率吸引，認為收益率越高，越能賺到錢，殊不知事實未非如此。想要長期穩定獲利，離不開資產的複利增值，愛因斯坦便曾稱「複利」為世界的「第八大奇蹟」，其本質就在於，以本金加上先前週期所積累的利息總額來計算，即是大家常說的「利滾利」。若寫成公式就是：

$$收益 = 本金 \times (1 + 報酬率)^{時間}$$

其實，財富增長的秘密全部藏在這個複利公式中。

簡單拆解公式便可發現，我們賺到的總收益主要取決於

以下三個要素：本金、報酬率、時間。報酬率只是三大要素的其中之一，並非全部，甚至不是最重要的。因爲報酬率是有上限的，越往上，越難追求。

例如買入銀行發行的理財型金融商品可獲得 3% ～ 5% 的報酬率；投資股票型指數可獲得 8% ～ 10% 的報酬率；長期績效超過 15% 的主動基金，更可說是百裡挑一；而若想使報酬率達到 20%，則更是難上加難。這就是報酬率的「邊際難度遞增」規律，就像我們想讓考試成績從六十分提高到八十分很容易，但要從八十分提高到一百分便往往有難度。一般投資人想取得高報酬率是一件難事，甚至還會因爲忽略高報酬背後的高風險而虧錢。

事實上，長期財富增長的關鍵在於另外兩個要素，亦即本金和時間。

把本金從 10 萬元提到 20 萬元，遠比把收益率從 10% 提高到 20% 容易得多。從初出茅廬到事業小有所成，人們賺取到的現金流多半是在增加的，也就是可支配的本金是越來越多。所以對於年輕人，首先要考慮的應是提升個人價值，爭取事業進步、升職加薪，增加收入的現金流，多多積累本金，同時接觸並學習正確的投資知識。因爲本金不多，偶爾誤踩「陷阱」、虧錢反倒不可怕。若步入中年，積累的本金已非常可觀，獲取財富的出口從單一的「人力價值」切換到「人力價值」和「資本價值」的雙渦輪驅動，那麼這個

階段的酬率即使不高，但因本金夠多，賺取到的資金也會更多。例如用 100 萬元賺到 10% 利潤，那就有 10 萬元利息，而用 1 萬元即使賺 100%，也才不過只有 1 萬元利息。更何況 10% 的收益率是可以持續下去的，反觀 100% 的收益率則多半憑運氣而來。

至於時間，有時甚至比本金還重要，但反而更容易被忽略。事實上，很少有人能意識到時間的魔力。許多人今天剛買基金，心裡便巴不得明天就大漲，就算多等一天也不願意。也正是這樣的心態，常讓我們陷入「買進卻不賺錢」的矛盾中。

假設投資者 A 初期投入 25 萬元，投資者 B 初期投入 50 萬元，那麼投資者 A 的終值要達到 336 萬元，時間是投資者 B 的兩倍（四十年）嗎？其實不用，計算下來只需要不到二十八年。多了八年而已，相當於多花了 40% 的時間。雖然本金少了一半，但需要的時間無須增加一倍。

這就是複利。

即使你的本金少，若持有更長的時間，最終的收益也能追上。所謂「本金不夠，時間來湊」，時間對每個人都是公平的，越早意識到時間對投資的複利作用，越早理財，越能積累出自己的財富。

總的來說，報酬率翻倍的難度遠大於本金翻倍；本金翻倍，難度也遠大於持有時間的增長。所以，財富增長的秘訣

在於合理的報酬率、可觀的本金和長期持有。只要能做到三
者兼備，財富增長的勝率將自不在話下了。

---

1. 又稱「市場平台借貸」，透過網路平台，將資金提供者（放款人）提供
　的放貸資金，貸放給有資金需求的人，屬於一種小額借貸模式。
2　意指相對收益確定性更強、風險更小的債券類資產，一般佔比在七成以
　上。「固收＋」即是以固定收益為本，輔以股票或基金等權益資產，目
　的是追求長期穩健的投資報酬。

1.2 如何學投資？

奠定基礎：建立投資的「基本認知」

相信很多人在踏出投資的第一步時都有一個「領路人」，這個人可能是在牛市中帶你下場的同事、朋友，可能是在網際網路上小有名氣的「財經專家」，也可能是透露內線消息給你的「行業中人」。要知道，很多內幕消息並非真的是「內幕」，而是有人故意放讓你知道的消息。

投資的正道一定不是聽信小道消息而來。儘管隨著網際網路的快速發展，人們可以獲得的投資消息越來越多，但這其中會摻雜很多的雜訊，所以建立正確的投資「基本觀念」是非常重要的。

「內線消息」真的管用嗎？

我們在投資時，常常會聽到一些聲音：「聽說 ×× 出了利好，馬上要漲，趕緊買點！」「聽說 ×× 快不行了，肯定要跌，快點認賠殺出吧！」

只要身處投資市場，這些所謂的「消息」一天也不會消

散。它們不斷地在耳邊圍繞，時時影響著我們的投資決策。但這些聽起來好像有用的消息，眞的管用嗎？

我們不妨先來看一個經典的案例。

2020 年 1 月初，全球爆發新冠肺炎疫情，以及沙烏地阿拉伯與俄羅斯雙方開啓的石油價格戰，導致當時中國規模最大的油氣基金─華寶標普石油指數 A（以下簡稱「華寶油氣」），開啓了「一路狂跌」模式。不到三個月的時間，最大跌幅超過 61%。2020.03.09 當天，「華寶油氣」的單日跌幅甚至高達 22.20%，創下當時中國境內權益類非槓桿基金的單日最大跌幅紀錄（見表 1-3）。

表 1-3 「華寶油氣」波動情況

日期	單位淨值（元）	日增長率（%）
2020.03.04	0.2762	0.40
2020.03.05	0.2665	-3.51
2020.03.06	0.2455	-7.88
2020.03.09	0.1910	-22.20
2020.03.10	0.2008	5.13
2020.03.11	0.1864	-7.17
2020.03.12	0.1750	-6.12

資料來源：盈米基金、且慢 App。

就在大家以爲「華寶油氣」無論如何都不可能再往下跌的時候，2020.04.02 當天，網路上又傳來一則消息─「華寶油氣」的第一權重股惠廷石油公司（Whiting Petroleum）宣

佈破產。這個消息讓「華寶油氣」的投資者瞬間炸鍋。之前很多人之所以扛得住下跌*趨勢*，是因為他們認為這種急速下跌不過是「華寶油氣」*轉*投資公司股價的某次劇烈波動而已，遲早還會回漲。但現在，鋪天蓋地的消息告訴他們，這些公司可能會破產，股價甚至還會歸零……。這樣一來，這筆投資就可能會「血本無歸」，再也無法漲起來了。

這個猜測徹底擊破了很多投資者的心防，大家開始質疑：「「華寶油氣」到底有沒有底？」「這檔基金會不會就這樣完了？」在這樣的情況下，大批投資者選擇拋出「華寶油氣」的基金份額，認賠離開。但又有誰能想到，就是從這天起，「華寶油氣」開始反轉。事實上，僅在消息傳出的當天，「華寶油氣」的基金淨值就上漲了 8.38%，而後幾乎一路不回頭。截至 2022.04.02 當天，短短兩年時間，它的累計漲幅竟高達 250.41%。這讓當時因為看到「利空」消息而選擇賣掉基金份額的人後悔不已。

其實若能冷靜思考一下「華寶油氣」的交易邏輯，操作邏輯可能就會截然不同。首先，「華寶油氣」股價下跌的原因是，其持倉的一些美國油氣公司的股價暴跌，而這些公司股價暴跌，則是因為沙烏地阿拉伯與俄羅斯的石油價格戰把油價打成了「負值」。按照邏輯來看，我們就能知道，石油價格不可能長期維持負值，畢竟石油有其使用價值和貨幣屬性，石油公司的巨虧多半是暫時的，屬於突發性出現的「黑

有錢人換你做

天鵝」事件（Theory of Black Swan Events），不致影響長期價值。若從供需層面來看，那就更不用過度擔心，因為石油屬於必選消費，像是航空、工業、汽車等行業都離不開石油，石油因此才被稱為「工業的血脈」。

特殊的「黑天鵝」事件反而是難得的進場機會。投資就是這樣，同樣的事件，在一部分投資者眼中是危機，反觀在另一部分投資者眼中，則是機會。

透過這個例子可以看到，很多時候，我們以為「有用的消息」，實際上卻成了投資虧損的原因。當你聽到一個利空消息時，股價可能早已反映了這個利空帶來的基本面變化，此時再去賣出，往往就是倒在黎明前；同樣地，當你聽到一個利多消息，股價也可能已經上漲許多，這時你若後知後覺地再去追，往往就可能會買在高點。所以我們在投資中一定要格外注意這種消息可能帶來的陷阱，具備分辨消息真偽的能力，才是防止虧損的第一步。

在投資時一定要放棄「消息思維」，學會摒除雜訊，多關注投資標的本身的現況，才能真正靠投資獲利。

理解「價格、價值、時間」的三角關係

前面篇章中我們為大家破除了投資中的「消息思維」，相信很多人是理解的，但我們應該建立什麼樣的「基本觀念」呢？

其中，最重要的一點就是價格與價值的關係。若從來源去觀察投資收益，除了來源於投資目標的價值（例如企業獲利）不斷增長，還有一個重要來源是以低於其價值的價格買入，再由高於其價值的價格賣出，確保在其均值回歸的過程中獲利。

我們常說，一個投資品的價格是由其內在價值決定的。這話看似有道理，但其實只說對了一半，原因是它忽略了「時間」的可能帶來的影響層面。

長期來看，價值確實決定價格，但從短期看，兩者之間並非是線性的關係，就像投資中經常用到的一個經典比喻—老人與狗。投資品的價格就像一條小狗，而其內在價值則像老人手裡牽著的狗鍊。

短期來看，價格會像小狗一樣跑前跑後，經常高於或低於其內在價值；但從長期看，小狗終究會和老人一起不斷向前走。也就是說，如果一個投資品的內在價值不斷提升，其價格終歸也會跟著上漲。所以，均值回歸早晚都會有，但不一定是現在發生。很多人常說自己投資不賺錢，孰不知其實是忽略了「時間」這個影響面。

當我們買進一個基期低的標的物，但它的價格並未如預期一樣均值回歸，而是繼續下跌時，不要過於恐慌，只要它的價值沒有出現大幅變化，那麼越跌反而越是買進好時機。

所以，學習投資的關鍵是理解投資的本質，價值會回歸

但不一定立刻回歸，只要我們有足夠的耐心，總能收穫想要的結果，這才是我們應該建立的「投資基本觀念」。投資是一輩子的事情，多一些時間上的容忍度，一切可能都會變得不一樣。

投資 VS. 投機的區別

我們常說，作爲一名投資者，自己是在投資而非投機。可是，投資的眞正意義究竟是什麼？

廣義的說法是，投資是貨幣收入或其他任何能以貨幣計算其價值的財富擁有者，犧牲當前消費、購買或購置資本品，以期能在未來實現價值增值的獲利度、經營性活動。簡單來說，投資就是把當前所要花的錢省下來，投放到那些未來能賺錢的事情上。

這樣的解釋有錯嗎？看似沒有，但顯然這樣的認知是無法變現的。那我們又該如何理解投資呢？

這就要聊聊與它十分相近的另一個專業名詞—投機。

投資和投機，是資本市場上常見的兩種交易行爲，目的都是獲得收益。很多時候，我們以爲自己在投資，但實際上可能是投機。

那它們到底有什麼區別？

有人說：投資和投機最大的區別，就像一個是說國語，

另一個講台灣話。這當然是開玩笑，但從側面說明，兩者不容易區分。畢竟，投資和投機雙方都有著相同的目的──賺錢。不同的是，投機賺的是市場先生情緒變化的錢，而投資賺的是經濟發展和企業增長的錢。

投資大師班傑明‧葛拉漢（Benjamin Graham）在《智慧型股票投資人》（The Intelligent Investor）一書中，對投資者和投機者做出如下區分：投資者和投機者之間最現實的區別在於，他們對待股市變化的態度。投機者的主要興趣在於預測市場波動，並從中獲利；投資者的主要興趣在於按合適的價格購買，並持有合適的證券。

可以看出，真正的投資者在每筆投資之前，都經過大量資料分析、調研比對，甚至是重新學習，才在確保本金安全的基礎上，得出投資與否的結論。但投機者不同，他們更希望透過「猜漲跌」獲利，而不是因為認同投資對象的內在價值。反觀我們自身，很多人雖自詡為投資者，但對投資總抱持一夜致富的念頭，總盼著買完就漲，甚至巴不得天天漲停板，這在本質上是一種投機者的心態。

很多時候，我們以為自己「很懂」，憑著自以為的「好消息」，自以為的「發展前景」，就猜測某標的物會上漲多少，並給出自己的目標價格。這在本質上也是投機行為，都是在靠自己的想像力投機而已。所以想靠投資賺錢，首先就得建立對投資的「基本觀念」，起碼要釐清投資和投機之間

的區別，這樣才不至於走在錯誤的道路上，甚至越走越遠。

💰 實際操演：實踐才是最好的學習

知易行難

　　前面我們討論了如何建立自己的投資認知。有人可能會疑惑，是不是擁有了足夠的投資認知，就能在投資時遊刃有餘？答案是，還不行。因為「知道」和「做到」之間往往還隔著巨大鴻溝。只有真正做到了，才能把認知變現。

　　事實上，很多有過投資虧損的人，並非不懂其中的道理，而是在實際行動中無法做到。舉個例子，基金不是股票，長期來看，投資基金更好的方式是長期持有，相信這個道理很多人都懂。但是，在實際投資過程中又是如何呢？畢竟懂得「基金長期持有」的道理並不難，難的是到底如何做到。投資是一件知易行難的事，這絕非一句空話。那麼為什麼會出現這樣的現象？這可能和我們人類的本性息息相關。例如你可以問自己：你若有一筆錢，你會怎麼下投資決策？是買進一直上漲的，還是買進一直下跌的？

　　相信大多數人都會選一直上漲的標的物。就像很多人買股票，最喜歡買的無非是那些天天漲停的標的物。但實際上呢？上漲其實是資產不斷高估的過程，而下跌才是資產不斷

低估的過程。作為一名合格的投資者，如果你看中的標的一直下跌，你應該感到高興才是，因為你可用更少的錢買到更多份額，未來可能賺更多。

可是我們為什麼總是不約而同地選擇一直上漲的？因為人性告訴我們：趨吉避凶。

試想一下，我們在非洲大草原上行走，突然前面草叢躍出一隻獅子，這時我們該怎麼辦？肯定是掉頭就跑吧？因為獅子太可怕了！而這就是我們的本能反應。

下跌的股票和基金也是一樣，它們這麼跌，簡直就像大草原上的獅子一樣可怕，怎麼能買？於是在人性的驅使下，我們不斷重複著「高買低賣」、「追漲殺跌」的動作，最終「成功」地把錢虧光光了。所以，投資是一件知易行難的事，明白箇中道理只是基礎，要想做好投資，還得透過在實操中不斷摸索與練習才行。

從小白兔蛻變成大野狼

都說人生就像一場旅行，不必在乎目的地，在乎的是沿途的風景。但投資不同，它看重的是結果，是實實在在的資產增值。過程的風景（獲利）再好，如果最終回到出發點，那麼意義也不大。

對投資新手來說，如何在實踐中獲得自己想要的結果？

很多人的選擇往往限於這兩種：一種是挑選更好的投資標的；另一種是抓住更好的買賣時機。但實際上無論選擇哪種方式投資，多數人到最後依舊無法達成目標。這是因為無論投資標的還是買賣時機，都是最後的投資落地，在這之前還缺少一步，那就是資產配置。

與大家分享一個真實的案例。

一位投資人的家庭流動資產有 50 萬元，打算用於十多年後養老。其中，用了 45 萬元買進銀行理財商品和貨幣型基金，其餘 5 萬元則買了股票型基金及投資股票。

他的問題是：「這兩年買股票沒賺到錢，想把原來買股票的錢拿出來買基金，應該選擇哪檔基金才能賺更多？」

可以看出，他真正的訴求是想提高這筆退休金的整體收益。之後，筆者就為他算了一筆帳：假設他選到了更好的基金，報酬率大幅提升，比之前多了 20%。但由於他投資基金的本金只有 5 萬元，所以實際收益只不過多了 1 萬元。這 1 萬元對 50 萬元退休金的收益提升真有很大幫助嗎？顯然沒有，因為按比例來算，僅有 2%。

但為了提升這 2%，得花多大力氣才能選出比之前投資多 20% 收益率的基金？他要做的並不是把 5 萬元資金的收益變好，而是要重新規劃這 50 萬元資產，這才能解決他養老的根本問題。否則也只是頭痛醫頭，腳痛醫腳。

那我們該如何進行資產配置呢？一般來說，可以遵循以

下三個步驟：自我認知→市場認知→匹配認知。

自我認知

自我認知首先就是要瞭解自己的情況，至少需要考慮以下幾個方面。

1.財務狀況：財務狀況既包括當前的各類資產、負債情況，也包括可預見的未來大致的現金流情況。

只有站在家庭總資產的角度規劃，才能讓後面的資產配置發揮真實作用。如果只用少量資金參與，則對整體影響不大，同時也容易在上漲時「突然有一筆錢」，倒金字塔加倉，導致風險變大。

2.風險偏好：資產配置不能消除風險，只能讓我們以一個舒服的方式迎接風險，而怎樣才是舒服的，則跟每個人的風險承受能力和偏好有關。

風險承受能力是比較客觀的，一個現金流充沛、年輕、保險充足、家底豐厚的人，自然比手頭資金緊張、負債累累的人更能承受損失和波動。一筆要擺上二十年後才會動用的退休金，也比每年要還房貸的錢，更能承受波動。

風險偏好則是主觀的，即使是客觀條件一樣的人，往往也有膽大樂觀的和膽小悲觀的，而前者在做資產配置時，往往會更激進一些。

3.投資目標：每個人的投資目標都是賺錢，但賺錢背後的實際目的卻各不相同。例如同樣一筆長期資金，有人將其作為投資第一桶金，希望透過多年投資實現財富自由，因此就有更高的收益預期；而有人當下就很滿足，只希望它能跑贏通貨膨脹，不縮水，因此獲利預期並不高，是否穩定反而變得更重要。

市場認知

市場認知就是要瞭解投資市場中，資產配置的種類？它們的本質是什麼？具備什麼樣的長期風險及收益特徵？

一般來說，我們常見的大類資產無非以下五類。

1.現金類，如銀行推出的各式存款方案、貨幣型基金等。

2.債權類，如國債、公司債、債券型基金等。

3.股權類，如股票、股票型基金等。

4.房產類，如可用於市場交易的各式不動產等。

5.商品類，如石油、黃金等。

其中，房產類資產因交易門檻高，投資金額大，不適合普通人進場投資；而商品類資產因過於專業、複雜，不懂的人很容易誤入陷阱，所以也不適合一般人大筆敲進。因此對於多數人而言，資產配置的主要項目就是現金類、債權類和股權類資產。

從各主要國家資本市場的歷史來看，股市整體長期合理報酬率為 8% ～ 12%，優秀投資人長期報酬率為 15% ～ 20%，債券為 4% ～ 5%，現金為 1% ～ 3%。當然，這是動態的，隨著經濟的變化、利率的變化，這些資產的報酬率區間也會隨之發生變動。

匹配認知

匹配認知就是根據之前對自己和市場情況的瞭解，進行不同的資產配比，獲得符合自己要求的收益曲線。例如經過瞭解，你發現「50% 股＋ 50% 債」的資產組合更適合自己。那你可以根據這個比例，選擇對應的股票基金和債券基金，然後每過一段時間，進行一次動態平衡（賣出超比例的資產，買入比例不足的資產），可以在無形中完成大類資產間的高拋低吸，最終讓你的資產組合跑出想要的收益曲線。

值得注意的是，資金的使用時間不同，對應的投資需求也有差異。所以我們往往需要多個資產組合，對應多種投資目標，才能完成自己的資產配置。例如長期不用的錢，我們可以追求更高的收益，配置更多比例的股權類資產；馬上要用的錢，靈活性更重要，所以我們可以選擇收益較低的資產，少配甚至不配股權類資產。

怎麼具體配置，每個人都要結合自己的實際情況來確

有錢人換你做

定，如財務情況、風險承受能力和偏好、投資理財目標、對市場的理解等。除了你自己，沒人能給你答案。在此提供一個範本僅供參考（見表 1-4）。總之，做好資產配置才是投資中最重要的事。它能幫我們合理提高投資收益，儘早達標。

表 1-4 資產配置範本

資金用途	資產配置
隨時要用的「活錢」	100% 貨幣型基金等現金類資產
3～6 個月的中短期「穩錢」	80% 現金類資產＋20% 債券類資產
0.5～3 年的中長期「穩錢」	70%～90% 的現金類、債券類資產＋10%～30% 的股票類資產
3 年以上的長期「閒錢」	20%～80% 的現金類、債券類資產＋20%～80% 的股票類資產

資料來源、製表：且慢基金投資研究所

避免入坑的兩大關鍵

說到投資，似乎大家都有一個印象：投資能賺錢。但如果要自己動手，很多人又總是望而怯步，遲遲不敢開始，這是為什麼呢？主要就是因為怕虧錢。

確實，這些年隨著國家金融行業的蓬勃發展，各種各樣的「金融大坑」也跟著變多。近幾年的陷阱包括虛假 P2P（個

人對個人）網貸、區塊鏈騙局、空氣幣、股票殺豬盤[1]等，各種「投資新專案」層出不窮，讓人防不勝防。

我們在投資時該如何避免掉坑？這裡有兩條重要的經驗值得借鏡。

遵循「不可能三角」理論

剛接觸投資時，很多人都說自己的願望很「簡單」，就是想找到一個風險低、收益高、交易靈活的投資產品，然後把錢投入其中，坐享收益。真有這樣的投資產品嗎？對不起，真的沒有。

這就要說到投資中的「不可能三角」理論。

簡單來說，「不可能三角」的含義是一個金融產品的收益性、安全性和流動性，三者無法同時滿足。也就是說，一個金融產品不可能同時具備高收益、低風險和高靈活性。例如股票的收益高，交易靈活，但伴隨的風險就很大；貨幣型基金相對安全，存取靈活，但對應的長期收益就非常低。

這個理論既簡單也容易理解，其實有用的東西從來都不複雜，因為大多數人投資掉坑的原因，往往不是欠缺技術，而是投資的基礎邏輯出了問題。

我們在投資中碰到不熟悉的投資產品時，都可以用這個理論先檢驗一下。例如前幾年曾在市場上炒得沸沸揚揚的P2P網貸，便是號稱高收益、低風險、取用靈活的金融商品。以 2015 年爆雷的某 P2P 網貸產品為例，其介紹是：平台主

有錢人換你做

打 A2P（資產對個人）模式，旗下產品為融資租賃債權轉讓，預期年化報酬率為 9.0% ～ 14.2%，期限分為三個月、六個月和十二個月。在實際行銷時，該產品更是打出「1 元起投，隨時贖回」的口號，不少銷售人員在推薦時也宣稱「保本保息、靈活取付」。

其實只要用「不可能三角理論」檢驗一下，我們就能發現問題。所謂「1 元起投，隨時贖回」以及「保本保息、靈活取付」，充分針對了「貨幣型基金」甚至「銀行存款」的安全性及靈活性而來。但一年期銀行存款利率還不到 3%，該樣商品的一年報酬率怎麼可以達到 14.2%。換句話說，它把「不可能三角」變成了「可能三角」，這樣的金融商品怎麼可能安全呢？

但就是這麼簡單的騙局，整個市場上的被騙資金居然高達數百億元之多。由此可見，控制貪婪是我們投資實踐中最重要的一課。想要投資不掉坑，就一定要用「不可能三角理論」來多多檢驗才行。

絕不借錢來投資

如果說「不可能三角」是投資避坑的技術手段，那「不借錢來投資」就是我們的底線。要知道，投資的本質是概率，實戰中更是充滿了不確定性，誰也無法保證未來一定能賺錢。我們只能根據市場的過往規律及自己對投資的認知，做出機率相對正確的選擇。但是如果哪天運氣不好，市場發

生了小幅的極端情況，我們的投資就可能失敗。因此在投資時我們必須爲自己「留一手」，爲可能出現的極端情況預做準備，這樣才能防止自己因「邏輯正確」反而投資失敗。

如何「留一手」？

對我們來說，最簡單的便是「不要借錢來投資」。

例如從長期來看，股票市場是個收益高、風險也大的地方，短期出現 30% 以上的跌幅並不罕見。如果我們在估值合理時投資股市，也有可能遇到這種程度的下跌，帳戶會發生相應的回撤。這時候，如果我們用的是自己的錢，或許開始會很難受，但只要熬過去，往後大概都能讓我們的投資「有所回報」。

如果我們用的是借來的錢，就像繳房貸一樣，自己出 30%，借款 70%，那一旦帳戶跌幅超過 30%，就意味著本金全部虧完。如果此時債主要我們還錢，我們就再也沒機會等到「有所回報」的那一天了。

由此可見，借錢投資雖可放大收益，但同時也會放大虧損，甚至會讓我們虧光本金，背上債務，最終掉入投資的「坑」。所以在投資實踐中，我們一定要摒棄「借錢」這種壞習慣，只用自己的錢投資，賺自己能賺的收益，虧自己能虧的本金，不打沒把握的仗。

🐷 持續進化：投資觀念要時時更新、升級

投資的好處和陷阱

1997年，羅伯特徹・清崎（Robert Toru Kiyosaki）的《富爸爸・窮爸爸》（Rich Dad Poor Dad）一書出版，上市半年就銷售了一百萬冊，連續六年雄踞《紐約時報》暢銷榜冠軍，還被翻譯成五十一種語言，在一百零九個國家銷售。

這本書為何如此暢銷，它到底寫了什麼？

簡單來說，它迎合了很多人想要一夜致富的心理。作者在這本書中把一般人想賺錢的心理分成四個象限：上班族、專業人士、企業家、投資人。

1. 上班族：工作量最多但錢賺最少的一群，基本不可能實現財富自由。

2. 專業人士：可能是公司的部門主管，有一技之長且待遇不錯，能利用自己的專長做點小生意，賺的錢介於上班族和企業家之間，但很難實現財富自由。

3. 企業家：有組織、有團隊、有系統，有一幫人幫著幹活，能夠富有。但是要讓整個企業正常運轉，就必須處理好很多難題和雜事，犧牲很多個人時間。結果就是錢雖賺很多，但卻很難真的「自由」。

4. 投資人：靠投資賺錢，比企業家輕鬆，比上班族和專

業人士賺得多，真可謂是能賺錢又自由。

按作者的描述，我們不難發現，當個投資人無疑是大家都喜歡的，因為它確實好處很多，尤其能滿足大家對「輕鬆賺錢」的想像。但是當投資人真就這麼簡單嗎？顯然不是。表面看起來越是美好的東西，背後隱藏的問題往往也越大。

很多時候，我們以為自己已經掌握了某種投資方法，但到實際下場後才會發現什麼叫「知易行難」，其實自己懂得太少了。例如你之前學習了某種投資方法，透過下場實操確實賺到錢，那你心中便很容易產生一些想法，認為這個方法太好用了，只要不斷重複，投資賺錢實在太簡單了！於是你開始小幅追加投資，想沿用這個方法繼續賺到更多錢，結果卻發現它居然不靈驗了，「該漲」時總出現「虧損」，但你不放棄，因為始終相信它能賺錢。於是你開始追加投資，但它還是接著虧，直到相同事情反覆出現，你終於發現之前是自己錯了，只不過市場用「錯誤的答案」讓你產生幻覺罷了。所以很多人無法靠投資賺錢，往往就是因為他們很難跨過這個陷阱。

正如「達克效應」[2]（Dunning-Kruger effect）所描述的，在我們初入市場時，常常因賺點小錢而自信滿滿，以為大師不過如此，卻不知自己已身處險境；直到開始虧錢，投資自信開始崩塌，陷入絕望，才知道自己根本不懂投資。帶著這樣的覺悟，我們開始用心學習，透過逐步累積知識和經驗，

慢慢重拾自信，重登高峰。隨著累積投資經驗和能力，經過時間的洗禮，我們才能越爬越高，最終站上持續平穩的高原，成爲清崎書中「最賺錢的投資人」（見圖 1-3）。

　　所以，這也是爲什麼筆者一直建議初學者「要選擇自己舒服的姿勢，不要眼裡只有收益，也要看到風險」，就是怕大家陷入自己的投資陷阱，賺小錢虧大錢，最後身陷絕望低谷。因此對於投資，我們要做的不是一知半解地全盤押注，而是持之以恆地學習和投入，透過實踐不斷總結提煉，提升自己的投資認知，相信最終一定能達到自己想要的理想境界，持續獲利。

圖 1-3 達克效應

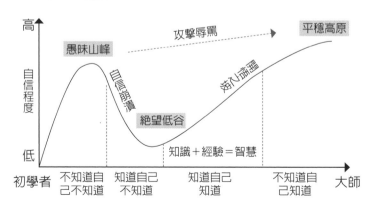

資料來源：且慢投研

從投資「方法」到投資「體系」

人們常說「實踐出眞知」，投資也是一樣。對於任何投資方法，經過一段時間的實踐，我們都會發現它的優勢與不足，這時就需要一套不斷進化的投資體系與之匹配，才能解決單一投資方法所帶來的侷限。

具體該怎麼做？主要分兩步驟：第一是從方法進化到體系；第二則是小步試錯，持續反覆運算。

從方法進化到體系

多數新手做投資，都是從新學到的一、兩種方法開始。有人運氣好，先賺了錢；有人運氣差，先賠了錢。無論賺錢還是賠錢，經過一段時間的摸索，我們都會發現這套方法不實用，改而去學別的方法。但在實踐別的方法後，卻現也不實用。實際上這不是方法的問題，畢竟方法都有其侷限性，只能解決特定條件下的特定問題。所以要想突破方法的限制，就得擺脫「方法邏輯」，讓自己進化到「體系邏輯」。

體系邏輯是指用投資體系去解決投資問題。一般來說，投資體系至少要包括兩個部分：一個是交易系統，另一個是觀察系統。

先說交易系統。交易系統是指進行具體投資的一套交易策略。例如定期定額投資就是一種簡單的交易策略，可以放進我們的交易系統中；再例如網格化交易 [3] 就是一種「在一

有錢人換你做

44

定區間內，漲了就賣，跌了就買」的交易策略，也可以放進我們的交易系統。

　　構建交易系統的目的是解決具體的投資問題，包括一筆投資的買賣點、交易時間、交易空間等。可以說，交易系統非常重要，沒有它，我們的投資就是無根浮萍，只能被情緒主導，走向追漲殺跌的老路，最終投資失敗。然而投資市場並非一成不變，當發生一些未知事件，導致整體的投資大環境出現變化時，我們的交易系統就可能崩潰。為了解決這個問題，我們就得為自己的交易系統，搭配一套與之對應的觀察系統，預防和應對這種變化。

　　就像一支軍隊，除了有正面的作戰部隊，還應該有觀察員、偵察兵，他們充當了整個部隊的眼睛，讓指揮官知道目前的戰況，瞭解自己所處的整體環境，只有相互配合，才能取得最後的勝利。

　　對投資來說，我們的觀察系統至少應該包括宏觀經濟、貨幣政策、行業週期、估值水準、市場情緒等。當收集到這些資訊後，我們就可以像指揮官一樣，做出正確的判斷，然後運用交易系統，實現投資目標。

小步試錯，不斷反覆運算

　　要知道，這世上沒有一套投資體系是完美的，任何投資體系都有其問題。所以在建立自己的投資體系後，我們要抱著學習的心態，從實際操演中不斷執行小步試錯、發現問

題，然後反覆運算並做改進。

　　知名財經網紅「ETF拯救世界」曾坦言：「在過去的一個階段，無論投資成功還是失敗，我都會不斷反省。反省自己到底為什麼做得不錯，或是為什麼做得不好？如果體系和策略沒有錯，是自己沒有嚴格執行導致結果不如人意，那就告誡自己提高執行力。但若是體系和策略本身出現問題，那就改進體系和策略。」

　　正是這股「不服輸」的蠻勁，為ETF拯救世界後來的投資成功之路奠定基礎。他不僅將自己的交易系統分成多個子策略，且在這些已比較成熟的子策略基礎上，又改進了幾個版本。他也在自己基於價值投資的觀察系統中，融入一定的趨勢投資的元素。這一切都是為了不斷優化自己的投資體系。如此一來，經過多個版本的反覆運算，他的投資體系將變得十分牢靠，能夠經受住市場檢驗。

　　投資無止境，它不僅需要我們的天賦，更需要時間的洗禮。我們只有不斷摸索、不斷總結，才能打磨出一套適合自己、能不斷進化的投資體系，幫我們完成投資目的。

聰明人 VS.笨蛋

　　一次股東大會，有記者問巴菲特：「你被大家稱為『股神』，但為何當年沒有投資亞馬遜？」巴菲特非常幽默地當

著兩萬人的面回答記者：「因為我愚蠢。」

作為世界公認的投資大師，巴菲特的這番回答有點讓人摸不著頭腦。但可以肯定的是，當年沒投資亞馬遜，不是因為他愚蠢。巴菲特之所以不投，原因只有一個，就是放棄投資自己不熟悉的公司、不熟悉的領域。換句話說，當年他認為自己看不懂亞馬遜，所以寧願錯過也要放棄。這完全符合他一貫堅持的能力圈原則。他認為自己之所以有今天的成就，最重要的一點就是堅守在自己的能力圈裡進行投資。

然而並非所有人都喜歡聽巴菲特這簡單又樸素的道理，投資新手往往喜歡指點江山，動輒覺得自己能一年翻幾倍，信心十足；投資老手總顯得謹小慎微，很少發表斬釘截鐵的言論，發表言論時總帶著「可能」、「或許」、「大概」、「在某個前提下……」等口頭禪。如果只看表象，你或許會覺得這是長江後浪推前浪，新手一定是比老手更厲害。但實際上，所謂「老手」正是經過了市場洗禮，從眾多新手中篩選出來的佼佼者。所以並非老手不懂，而是新手「太懂」。

在實際投資中，我們常常會看到兩類人：一是「專情的笨蛋」，他們常常把時間和精力花在某種投資方法或某類投資標的上；另一類是「花心的聰明人」，他們不斷尋找新的投資方法和機會，並進行淺嘗輒止的投資。最後結果往往是「專情的笨蛋」贏得收益，並認為自己要學的還很多；而「花心的聰明人」出現虧損，並宣稱這個投資方法不值得嘗試。

這是為什麼呢？

說白了，因為「笨蛋」喜歡偷懶，避開那些不懂的領域，只做自己擅長的事，在一件事情上下的功夫多了，成功的機率自然大；而「聰明人」因為太過勤奮，太過急於求成，滿腦子想的都是「哪裡有機會」、「哪裡能薅羊毛[4]」，所以依賴市場走勢，一旦市場不好，錯過機會，收益自然不高。

所以在投資實戰中，我們要多當「笨蛋」，少當「聰明人」，在自己的能力圈裡，投資自己看得懂的領域。

1. 又稱散戶收割機，指走勢穩定的股票在毫無徵兆時狂漲或暴跌，讓人猝不及防。這時詐騙集團便會誘騙投資人高價接盤，導致當天股價出現暴跌，大眾損失慘重。
2. 一種認知偏差，又稱井蛙現象，意指能力較差者往往會有一種想像的自我優越感，誤認自己遠比實際情況更優秀。
3. 使用交易機器人執行「低買高賣」的交易策略，系統會將投資標的設定成一格一格的價位，當價格波動並碰到設定的網格價位時，交易機器人就會自動執行低買或高賣的交易（取決於價格是上漲或下跌），讓投資人能在特定價格區間內賺取價差。基本上，網格交易適合震盪行情，在相對平淡的市場中仍能穩定獲利。
4. 是指人們對各類商家開展的一些優惠活動產生了濃厚興趣，並出現一批人專門收集各類商家的優惠資訊，在網路和朋友圈子中廣為傳播，這種行為被稱作薅羊毛。

有錢人換你做

Chapter 2
管好四筆錢

2.1 什麼是「資產配置」？

確認你的投資目標

在建立了正確的投資認知後，就要開始著手進行目標規劃。正式開始投資前的第一步就是瞭解自己，對自己的投資目標有個清晰的認知。

所謂知彼知己，百戰百勝。怎樣才算投資目標很明確呢？當然是越具體越好。投資目標設定得越具體，你在進行投資決策時就越容易篩除不該納入決策範圍內的產品，選擇範圍大幅縮小，選擇自然也就輕鬆許多。一個完整的投資目標應該包括以下三大要素：收益、風險和時間。我們在設定目標時，務必要做好以上三者的動態平衡。

收益

所謂盈虧同源，收益和風險是正相關的。預期報酬率越高，伴隨的風險也就越大。如果某個產品能讓你一夕致富，那麼它也能夠讓你瞬間破產……。同理可證，如果投資的產

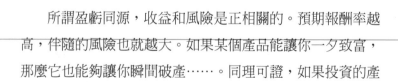

品是無風險資產，那麼其報酬率往往也不會太高。所以，我們一定要確認自身對於風險的承受能力多寡，再來設定投資目標。

如果你的目標報酬率為 5% 左右，希望高於銀行定期存款利率、能夠抵禦通貨膨脹，那麼你可以選擇貨幣基金、銀行推出的各項理財型金融商品、債券型基金等穩健型商品來做投資。

如果你的目標報酬率為 10% 左右，那麼你要有能力承受一定程度的風險。要想達到這個報酬率，你手中的必須握有一定比例的股票類產品，例如股票、股票型基金等。一般來說，這 10% 並非每年固定配發的紅利，有可能是今年 12%，明年 － 6%，後年 18%......，長期下來的複合報酬率為 8% ～ 12%。

如果你的目標更激進，設定報酬率在 20% 或更高，那麼我必須認真地跟你說，這樣的報酬率短期很容易做到，例如某一檔股票的一個漲停板就可以實現。但若想要長期持有，則往往很難達成，遑論你可能還要承受超過 30% 的虧損，畢竟就連股神巴菲特的長期報酬率也就在 20% 左右。要知道，過高的預期是虧損和不幸福的來源，要想維持這樣的高報酬率，需要長期參與市場博弈，在漲跌中進進出出，除了帶來焦慮不說，還對投資者自身的能力有很高的要求，同時需要像巴菲特常說的中了「卵巢彩票」[1] 那樣的運氣。

風險

說完收益，我們不難發現收益目標的選擇，與你的風險承受能力，兩者關係密切。風險承受能力不同，設定的收益目標往往就不同，其後所下的決策、選擇的產品也就不一樣。我們可從薪資水平、年齡層和投資經驗這三方面來判斷自己的風險承受能力。

薪資水平

在此這裡有一個常見的邏輯誤區，就是收入越低者，越要投資風險較高的理財產品，反正持有本金少，虧了也不怕，但這種思想其實是非常不正確的。

薪資水平和風險耐受能力並非直接相關的。若你的收入高、支出也高，那也很難存到錢，所以風險承受能力便不一定也高；反之，如果你的收入不多，但卻能穩定儲蓄存錢，那麼你的風險承受能力，並不一定會較低。

所以，風險承受能力是根據你手上握有多少「持續且穩定的現金流」來決定的，並非單靠收入來說話……。

年齡層

年齡對風險承受能力的影響也很大，通常年齡越大，風險承受能力越低。有個根據年齡劃分投資標的的簡單方法：用 100 減去你的年齡，這就是風險投資的佔比。例如一個六十歲的人，用 100 減去 60 等於 40，那麼就將 40% 的資產

有錢人換你做

投資中高風險的產品，剩餘 60% 的資產投資風險較小的產品。當然，這是一個大約的比例，不是絕對數值，對於中老年投資者來說，控制風險是投資理財時的首要考慮因素。

投資經驗

投資經驗豐富的人，由於對市場的風險和波動已有了一定程度的瞭解，所以風險承受能力通常更高；而投資新手可能因為對投資產品的認識還不夠多，容易盲目跟風，因此在這種情況下，還是儘量避免購買風險較大的投資產品。

時間

投資時間也是一個重要因素，很多人可能都會忽略這一點。我們在投資時，一定要對資金的使用週期有一個大致的預期，判斷用於投資的這筆錢可以閒置多久。例如短期要用的錢，可以配置一些靈活的資產。投資股市的資金一般要三年以上不用，根據統計，股市一輪牛熊轉換週期約為五～七年。

若是將短期有用途的錢拿來投資股市，很容易在市場波動時虧損。因此，明確每一筆資金的投資期限，我們才能計畫未來是進行長期投資還是短期投資，從而配置適合自己的產品。

舉個例子，張先生，現今三十歲，是在大城市工作的上班族，工作穩定。月薪約 5 萬元，年終獎金 5 萬元，每個月

開銷在 2 萬元左右。他沒有太多投資經驗，但希望能積極增值。

　　按照上述方法我們來看看如何配置。第一步是確定收益目標。張先生比較年輕，收入穩定，但沒有太多投資經驗。如果以追求跑贏通膨為目標穩健增值，那麼 8% ～ 10% 的目標報酬率比較合適，當然這個目標不是一成不變的，而是要根據未來的經濟發展情況動態調整。

　　根據張先生的年齡，我們用 100 － 30 ＝ 70，股權類資產最高可以配置到 70%，剩餘 30% 可以配置貨幣基金或者債券基金等波動較小的資產。在還沒有太多投資經驗的情況下，張先生應該再降低一些股權類資產的比例，由於其收入穩定，可以選擇股債比例為 6：4 或 5：5 的方案。而年終獎就留作流通性資金。

　　設定好目標和資產配置方案後，就可以進入下一步具體投資品種的選擇了，在本書的第二章會有詳細的講解和介紹。

　　總結一下，正確的自我認知和合理的理財目標不但需要掌握一些投資的基本知識，還要對自己的風險承受能力、大類資產收益、自身資金的使用規劃有大致的瞭解。當你有一個清晰且可執行的投資目標時，才能鼓勵自己一直堅持下去，最終實現目標，擁抱收益！

有錢人換你做

找到專屬的家庭理財方案

學會記帳，規劃財務帳戶

你身邊是不是經常有人抱怨自己存不下錢，每個月的薪資都不知道花到哪裡去了。對於有這種情況的朋友，一定要養成記帳的習慣，對自己的財務狀況做整體的梳理。透過記帳，我們能夠瞭解自己的收支情況，規劃自己的存錢目標，合理利用自己的每一筆錢。

接下來，我們就詳細說一說，如何規劃家庭與個人的財務帳戶。

建立三個帳戶

首先，請你整理出三個帳戶：收入帳戶、支出帳戶、投資帳戶。三個帳戶可以對應三張金融卡，以便做資金劃分。

1. 準備一張金融卡 A，用於存放主要收入來源，收入若較分散，均可歸到這張卡上面。

2. 準備一張信用卡 B。

3. 準備一張帳上餘額能滿足自己每月消費的金融卡 C。

A 卡與 C 卡都是金融卡，但卻最好設置不一樣的密碼。A 卡對接各種資產帳戶，如證券帳戶、基金帳戶、私募專戶等。C 卡對接各類消費帳戶，如各種電商平台、電子錢包、Line Pay 等。請你不要嫌麻煩，這是為了限制過度消費而設，

方便你妥善規劃自己的資產。

B 卡是信用卡，還款日可設在薪資發放日的隔天，每月薪資在支付卡費後，把當月消費額轉入 C 卡，其餘的則在 A 卡中統一規劃投資。

日常消費可以最大限度地使用支付平台所提供的免息信用消費。請注意，這是免息，而不是透支消費和分期付息消費。現代人為了追求所謂的精緻生活，很容易承受不住各種消費貸款、分期付款的誘惑，進而過上了先借明天的錢來今天花用的「小負翁」生活。但只要你花點時間就能算清楚，過完免息期立即還錢才是正解。不然，你就是以 10% 以上的年利率去借錢。試問，你找得到無風險，報酬率更在 10% 以上的投資產品嗎？

顯然不能，所以，請千萬不要去借這種消費貸款來戕害自己。

習慣每天記帳

除了上述的三個帳戶，還需要清楚規劃日常開銷及支出，建立家庭流水帳。可用小帳本記錄，也可用 Excel 表格來登記，或是選擇自己習慣或喜歡的各式記帳軟體來登錄。至於記帳方法則見（表 2-1）和（表 2-2）所示。

每月記帳本主要包括收入和支出兩部分。收入部分歸類比較簡單，支出部分主要有食、衣、住、行這四個方面。

表 2-1 每「日」記帳本

時間	收入		支出	
	內容	金額（元）	內容	金額（元）
×年×月×日				
月底小計				
月底盈餘				

備註：此表格為記錄每日的每一筆帳單。
資料來源、製表：作者

表 2-2 每「月記」帳本

時間	收入		支出	
	科目	金額（元）	科目	金額（元）
×年×月	稅後薪資		衣	
	稅後獎金		食	
	補助及福利費		住	
	偶然所得		行	
	其他		健身美容	
			休閒娛樂	
			教育培訓	
			其他	
年底總計				
年底盈餘				

備註：此表是對每日記帳本的匯總，按科目歸類。
資料來源、製表：作者

1. 食：包括一切「會放進嘴巴裡」的東西，如一日三餐費用、其他水果、零食等。

2. 衣：包括衣服、鞋帽、包包、首飾等。

3. 住：包括房租、房貸、水電瓦斯費及其它等。

4. 行：包括上班通勤支出、停車費、車貸、自用車保養、

油錢等。

此外，還有一些其他消費，例如休閒娛樂，包括旅遊支出、運動、看電影等；教育培訓，包括買書、參加各種認證考試等。

如果覺得每天記帳很麻煩，可在消費時儘量改用信用卡，這樣既可享受一個月的免息消費，還能自動生成帳單，方便我們把每個月的消費歸類。但我在此再次提醒，萬萬不要使用分期還款的消費模式，更不要逾期還錢。

建立你的現金流量表

按照分類，堅持梳理收入和支出且為期一年，接著就可以開始進行第二步，即建立自己的現金流量表。

如果你已對自己的年收入與支出情況有了基本認知，那你也可以直接建立現金流量表（見表 2-3）。當然，第一步最好不要省略，因為這樣可以幫助你清楚驗證，你所感受到的收入、支出與真實情況是否一致。

現金流量表裡的賺錢能力不包括資產增值部分，只包括自己透過勞動力所獲得的貨幣價值。這樣，在未來的投資計畫中，你就能根據穩定的收入來源及相對可預測的變化情況，準確評估你所能接受的投資標的物，特別是在投資標的物具備下行風險時，更可提供清晰的幫助。

學會獨立思考

製作這幾張報表的目的，是為了讓你清楚自己的賺錢能

力和消費水準。財富管理的目標就是維持或提高生活品質，
讓自己的收支平衡且獲得滿足。

表 2-3 現金流量表

收入 （年度）	金額（元）	百分比 （％）	支出 （年度）	金額 （元）	百分比 （％）
稅後薪資			衣		
稅後獎金			食		
補助及福利費			住		
偶然所得			行		
其他			健身美容 教育培訓 休閒娛樂 其他		
收入總計			支出總計		
年度盈餘					

資料來源、製表：作者

　　在收入與支出中，還可以計算固定收入、浮動收入與固
定支出、浮動支出等部分。固定支出相當於麵包，浮動支出
相當於奶油。妥善處理兩者關係，能讓我們生活既滿足且不
焦慮。故而習慣延遲享受，也是財富管理的一門課。

　　整理消費清單，你還可以更清楚地瞭解自己在某個特定
時間是跟誰在一起？又在哪裡花了什麼錢？今年的每一天是
怎麼度過？……上述種種將會影響你明年的樣子。換言之，
整理消費清單也可　是一種觀察自己的成長歷程，梳理自己
的真實需求，而非人云亦云地趕時髦。

投資需要獨立思考，消費亦然。

規劃不同人生階段的財富

對大多數人來說，理財是伴隨一生的重大工程。在人的一生中，消費是相對穩定且貫穿始終的，但在不同時期，因為受到不同財務狀況、生活重心的影響，收入與支出通常是會有較大波動的。因此，在不同的人生階段，理應要有不同的理財規劃。

從單身到成家立業再到退休養老，每個時期的財務規劃，都需要根據個人或家庭的不同特點，結合當時的收入和開支，合理分配消費、儲蓄及投資資金，這樣才能既保證生活需要，又可使節餘的資金有效保值、增值。

第一階段：單身期（提升自我價值，增加收入現金流）

單身期一般沒有太大的家庭負擔，通常也是提升自我的黃金期，所以理財的重點不在追求投資市場裡的高收益，而是應該考慮如何提升自己的人力價值，爭取加官晉爵、升職加薪，增加收入現金流，多多累積本金。

同時，接觸和學習正確的投資觀，一來可以學習投資理財的知識並吸收經驗，二來則因本金不多，偶爾踩坑、虧錢反倒不會太難受。

在保險方面，此時因為年輕，負擔較小，保費相對較低，

有錢人換你做

60

所以可按照醫療險、意外險、重大疾病險、定期壽險的順序來配置保險，如果預算有限，投保重大疾病險時可以優先考慮定期型保單。此外，我還有以下兩個建議跟大家分享：

1.學會並堅持記帳，掌握收支狀況，不做「月光族」，減少不必要開支。

2.強制儲蓄，慢慢積攢。掌握正確的存錢公式：支出＝收入－剩餘，也就是拿到薪資後，先留下足夠的錢，剩下的才是消費之用。

這階段由於資本並不多，透過投資能夠獲得的收益，可能遠不及工作收入上的增幅。相對於投資理財時虧錢，此時更大的財務風險反而是個人的成長過慢，導致收入增長速度受到影響。

因此，此時理財優先的順序應是：開源節流 > 保險配置 > 資產增值規劃 > 應急資金 > 購置房產。

第二階段：家庭組建期（從單一的「人力價值」轉向「人力價值」和「資本價值」的並行）

當你計畫結婚生子，邁入家庭組建期時，事業上多半也差不多迎來所謂的黃金期了。薪資收入快速增加，加上之前持續地儲蓄，資產累積規模相對可觀，獲取財富的源泉可從單一的「人力價值」轉向「人力價值」和「資本價值」並行。但同時，這個階段是家庭的主要消費期，像是房貸、消費支出等通常也在大幅增加。

因此，這個時期的理財重點應是合理安排建構家庭時所需支應的開銷。這個時期的財務容錯率低，切勿盲目追求高收益，可選擇相對安全的投資方式。因為已累積了一定的本金，即使報酬率不高，能賺取到紅利也很可觀。100 萬元賺 10% 就有 10 萬元，而 1 萬元翻倍也才賺 1 萬元。更何況 10% 的報酬率是可持續的，100% 的報酬率則多半是靠運氣。

不過，這個時期在投資理財上也要更有策略，以多元化的方式配置，可以拿出一筆較長時間內不用的閒置資金，將其配置在風險較高、期望報酬率也較高的進攻性資產上，藉以爭取更大的資產增值空間。

另外，這個時期最怕的是家中經濟支柱突遭疾病或意外，不僅收入中斷，還會帶來龐大支出。因此，要重視家庭經濟支柱的保險配置，像是醫療險、意外險、重大疾病險、定期壽險等都必不可少，定期壽險則要覆蓋房貸以及三～五年的家庭開支，而重大疾病險的保額不能過低，最好在 50 萬元以上。同時，家庭其他成員的保障也要根據預算，合理配置。

所以此階段的理財優先順序是：保險配置＞購置房產＞子女教育規劃＞應急資金＞資產增值規劃＞退休規劃。

第三階段：準退休期

當步入準退休期，自己的工作經驗、經濟狀況一般處於巔峰時期，房貸、車貸等大額貸款也償還得差不多了，加上

孩子多半已可獨立生活，家庭支出下降不少，財務負擔開始沒那麼重了。

這個時期的理財重點應放在穩健複利上，留住之前奮鬥的果實，不應過度追求投資上的高彈性。因為當本金達到一定規模時，一個 10% 的虧損可能就會讓你蒙受不少損失。

考慮到這個時期，賺錢能力減弱，抗風險力較差，相較於資助子女，你們理應優先考慮並妥善安排自己的生活，增加退休金的儲備與投資。在保險方面，因該階段自身已不再是家中經濟支柱，若年輕時已配置重大疾病險和壽險，基本上現下應已交完保費，新增健康保障部分只需配置一年期的意外險和醫療險／防癌險即可。

另外，可適當配置養老年金險，選擇安全穩健且確定性強的商品投保，等到達約定年齡即可按年或按月領取保險金，成為健保或勞保退休金之外的另一份老本。

因此，這個階段的理財優先順序是：資產增值管理 > 養老規劃 > 保險配置 > 應急資金。

第四階段：養老熟成期（以控管風險為主）

退休後，子女多半也已成家立業，如果前期安排妥善，現在便可好利用退休金，安度晚年生活。

這個時期的理財原則，相較於追求財富增值保值，更重要的是保持身體健康、心情愉快，好的身體可以減少醫療支出。對於普通家庭，在合理安排晚年醫療、保健、娛樂、健

身、旅遊等開支的前提下，可以優先考慮能帶來固定收入的資產，須知「保本」正是這個時期的理財重點。

此外，比起投資理財，更要提高詐騙風險與意識，懂得辨識社會上的各種新型詐騙和套路，避免多年辛苦瞬間清零……。

總之，在不同的人生階段，要透過合理的理財規劃，實現個人資產最大化，為自己與家人創造安心的生活。

用四筆錢進行資產配置

梳理完家庭的財務狀況，我們就可以進入資金規劃的下一個階段—資產配置。

什麼是資產配置？簡單說就是在投資時，把資金分配到不同的地方，透過各種資產組合來達成投資目標。

為什麼要做資產配置？看好標的物就直接投，不行嗎？

還真不行！

這主要有兩個原因：一個是單一資產始終存在爆雷問題，一旦風險發生，就會損失嚴重；另一個是投資是為目標服務的，每筆投資都應該有一個相對應的目標，而目標不同所需要的投資方式也必然有所差異。所以，哪怕自己再有錢也不能盲目投入，還是應該遵循科學方法，理性地做好資產配置。

資產配置沒有完美範例

資產配置怎麼做？

傳統做法是幫你確定一個風險偏好等級，然後依此提供不同的產品。例如，當你做完一套風險測試題後，如果你被定義為低風險偏好者，就為你推薦風險低的現金類或債權類產品；如果你被定義為較高風險偏好者，就為你推薦更多股權類產品。

但這種做法其實並不合理，原因則有以下二個。

一方面是因為人是會改變的，我們很難明確自己的風險偏好。例如當處於牛市，我們看到的個股都在上漲，這時可能會覺得自己是個高風險偏好者；反觀若到了熊市，則又會覺得自己是個低風險偏好者。這是因為對市場的未來預期會影響我們的風險偏好。另外，認知的提升、收入的變化等，也會對我們的風險承受能力產生極大影響。因此，我們很難客觀、理性地評估自己的風險偏好。

另一方面是因為人的投資需求也很多變。即便是一個高風險偏好的投資者，也可能有一部分的資金是承受不了任何風險的，例如用於日常開銷的錢，如果只是因為投資者風險承受能力高就推薦高風險產品，那麼當日後投資者需要動用這筆錢時，便很可能會被迫認賠出清。反過來也是，即便是風險承受能力比較低的人，在退休金、子女教育基金等長期

資金上，也應該更大比例地投入高風險、高收益的產品，而非全數投入看似安全但長期下來卻跑不贏通膨的產品。

想做好資產配置，首先要明白的是，沒有一個產品、一套配置比例可以適用所有人的所有需求。除了可以使用第一章提到的「不可能三角」理論來檢驗收益性、安全性和流通性間的關係，還可以使用「四筆錢」來做資產配置。

如何「定義」四筆錢？

四筆錢，是指我們的錢可以被分為活錢管理的錢、穩健理財的錢、長期投資的錢、保險保障的錢。

活錢管理的錢是指我們隨時需要用到的錢，主要是日常支出，例如生活費。所以，活錢管理一般選擇流通性好、風險低的產品，這樣相對應的收益也就不會太高。

穩健理財的錢是指半年以上、三年以內，有具體用途但無須隨時動用的錢。例如，計畫要去旅遊的錢，計畫買車的錢。這筆錢可在儘量不虧損的前提下，根據時間搭配好適合的產品，獲取比活錢管理更高的收益。

長期投資的錢是指留給未來的錢，是三年以上都不需要用到的錢。當然，期限越長越好，最好是像退休金、兒女教育基金等幾十年的長期資金。這部分錢投資期限長，主要用於投資高風險產品，拉長投資期限來降低整體波動，追求更

有錢人換你做

高的收益。

　　保險保障的錢則是指在不確定的未來中，爲生活奠定基礎的錢。它的意義在於當風險突然降臨，我們不至於承受過多損失，也不至於因爲突發事件而影響上述三筆錢的規劃。

　　活錢管理的錢、穩健理財的錢、長期投資的錢皆屬投資部分，保險保障的錢則屬於保障部分。兩者一爲生錢，一爲護錢，缺一不可，共同構成四筆錢體系。

如何「分配」四筆錢？

　　每筆錢的配置比例是沒有標準答案的。因爲四筆錢的理論，就是從投資者自身情況出發，人不一樣，答案自然不同。例如，先前提到的，名下有 50 萬元閒置資金的投資者，本身有工作，收入完全能夠滿足支出，同時三年內沒有買車、旅遊等大筆支出，因此對他來說，預留足夠的備用金後，便可將大部分閒錢放入「長期投資」的帳戶。

　　再例如，另一位投資者，因爲剛畢業，名下只有 5 萬元積蓄，每月薪資結餘 1,000 元，加上明年打算帶父母去旅遊，預算是 2 萬元。所以按照四筆錢理論，他可以留 1 萬元作爲應急資金，放入「活錢管理」帳戶，旅遊基金 2 萬元可放入「穩健理財」帳戶，剩下的 2 萬元以及每月的薪資結餘，則可放入「長期投資」帳戶。

資產配置決定風險和收益

巴菲特曾多次建議投資人定投標普 500 指數基金（S&P 500），而對於不想折騰的人，定投指數股票型基金（exchange-traded funds，ETF）也是個省心的選擇。

在一個不斷增長的經濟體中，投資一籃子相對優秀的上市公司，長期下來應該有不錯的獲利。當然，靠簡單定投這些大型 ETF，大致也能拿到一個及格分數。但若不想止步於拿個六十分，那麼你便需要掌握一些正確的投資方法，才能提高分數。

資產配置的重要性、必要性

投資中有兩大經典考題。一類叫作擇時，即買賣時點的選擇，典型的問題是：「0050 已經漲到這個點了，還能定投嗎？」、「報酬率 50% 了，現在要賣出嗎？」

另一類叫作擇券，即投資標的的選擇，典型的問題是：「0050 值得買嗎？」、「這兩個組合，哪個更好呢？」等。

確實，這兩類問題直接關係到我們最終的投資結果，自然重要。但投資中還有更重要的問題，那就是：「你的資產配置情況是否合理？是否符合你的目標和風險承受能力？」舉個例子，例如你的家庭資產中，有 50 萬元打算用於十年

後養老，但 45 萬元買了銀行理財和貨幣基金，只拿 5 萬元買股票型基金及投資股票。如果你想找業績好的股票型基金，讓這 5 萬元賺得更多，意義其實並不大。

讓我們做一道簡單的數學題：用來投資基金的 5 萬元，即使選到了更好的基金，多賺了 20%，相當於可投總資產 50 萬元增加多少？答案是 2%。

如果你把大部分的錢配置在低風險理財產品上，這部分錢報酬率很低，年化報酬率只有 4% 左右，就會拉低可投總資產的報酬率。

很多人每天研究國際關係、財經政策、技術分析，爲了很少的一部分錢操碎了心，希望努力找到最好的基金或股票。然而他們又把大部分的錢放在表面看似穩妥，實際上卻跑不贏通膨的銀行存款和貨幣基金上，或是放到表面看似報酬率高，背後卻承擔了巨大風險的 P2P 產品裡。

「全球資產配置之父」加里・布林森（Gary Brinson）就曾說過：「從長遠看，大約 90% 的投資收益都來自成功的資產配置。」換句話說，大部分人關心的擇時、擇券以及其他因素，加一起只佔到了投資結果的 10%。

其實，資產配置不僅決定了大部分投資收益，還決定了大部分的風險和波動水準。市面上形形色色的各種組合，報酬率波動水準相差甚大，有的像小孩整天跳上跳下，有的則像老人家動作慢吞吞，其中最主要的原因就是，它們從最

基層的資產配置就不同。如果每月只拿出很少一部分錢，那麼這對你總資產升值的意義不大；如果是一有閒錢就全部投入，那巨大的波動也不是每個人都能承受的。而資產配置就可以 明並解決這個問題，讓我們的投資從及格邊緣提高到好成績。

1. 網路流行用語，出自股神巴菲特的一句話，意指天生自帶財富和幸運基因，也就是俗稱的「啣著金湯匙出世」。

2.2 第一筆錢：管理「活錢」

對應「四筆錢」資產配置框架中的活錢部分，主要是管理我們日常生活中的流動資產，強調資產的流通度和安全性。雖然報酬率不高，但管好每一筆錢是我們妥善投資的基礎，本章主要講解活錢配置的基礎知識，以及投資貨幣基金的方法。

為什麼要準備「活錢」？

活錢，顧名思義就是指日常生活中隨時可能動用的錢。之所以叫活錢，強調的是它的高流通性。很多人在投資中會忽略這筆錢。例如活期存款就是可隨時取用的高流通性資金；貨幣基金、銀行活期理財商品，也算高流通性的資產，通常幾天內就可以到帳；相反地，不動產的交易週期就比較長，屬於流通性較差的資產。

很多人喜歡把手裡的錢全部投入高風險、高回報的投資中，生怕攢在手裡會貶值，但恰恰因為這種心理，一旦發生突發事件急需用錢時，就只能選擇認賠殺出或四處舉債……。

雖然活錢的收益最低，但它是解我們燃眉之急的一筆錢。

在日常生活中，活錢的使用場景大致可分為兩種。

第一種是每天食衣住行需要用到的錢。例如我們每天上下班的通勤費、一日三餐的飯錢、心血來潮時想買買衣服、包包的錢……，這些都是隨時需要用到的錢。另外像房貸、車貸、房租、信用卡費等，雖然不是每天都需要，但我們必須在固定時間支出，因此同樣需要使用流通性高的資金來支付。

第二種則是應急資金。除了應對日常開銷，我們還可能會面臨一些未知的、突發的支出。例如當我們面臨短期收入大幅下降甚至收入中斷時。如果沒有一筆資金來應對這種情況，我們將會不知所措。

應急資金就是用來應對「黑天鵝」事件可能帶來的支出。雖然「黑天鵝」事件並不常見，但對普通人來說，在生活的方方面面，「黑天鵝」事件都有可能發生，如失業、突發疾病等，而一旦出事，便可能會顛覆我們的生活。

留一筆應急資金，可以讓我們在面對突發情況時，更加從容淡定。

有錢人換你做

🐖 如何規劃日常開銷？

根據日常開銷和應急資金這兩種使用場景，規劃好活錢首先要學會的，就是梳理收支，清楚自己每個月食衣住行所需的開銷範圍。

對於日常收入，大部分人基本分為薪資收入和業外收入兩部分，比較好記錄。

對於日常開銷，每個人、每個家庭雖不盡相同，但總有相似之處，例如吃飯、水電瓦斯費、交通費、通訊費等等，這些都是大家日常花銷的地方，只是金額不同而已。日常開銷大致又可分成以下這幾部分（見圖 2-1）。

對於日常開銷，比較簡單、有效的紀錄方法便是記帳。例如現在很多人使用記帳軟體來記錄每一筆花銷。

怕麻煩的話，也可以每月盤點一次，梳理清楚每月的收入明細、支出明細、結餘情況。這樣一來，大致可以知道自己一個月大致需要多少硬性的支出。

待記錄之後，你還可以清楚瞭解自己的賺錢能力和消費水準。對自己的日常開銷和消費一目了然，整理發票收據，還可以更清楚瞭解自己何時與誰一起？把錢花在什麼地方？今年的每一天怎麼度過，將影響未來的你的生活水準。換言之，整理消費清單也可以 明觀察自己的成長，梳理自己的真實需求，而不是人云亦云地趕時髦。

圖 2-1 如何規劃日常開銷

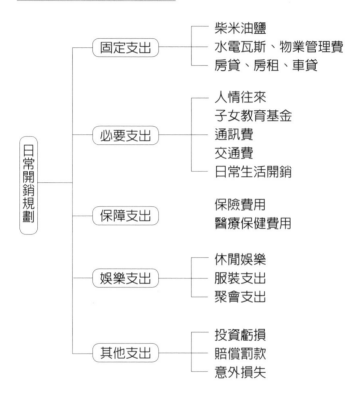

資料來源、製表：且慢基金投資研究所

有錢人換你做

在支出方面，一定要量入為出，清楚自己的財務計畫後，更好地規劃日常支出，把錢按照資金用途去劃分，做到專款專用，這才是我們開始投資的前提。

💰 為何要分配應急資金？

生活中，很多事情的發生都是難以預料的，例如意外事故、失業或其他黑天鵝事件。

這些事情一旦發生，就會對個人和家庭經濟產生非常大的影響，使自己陷入資金短缺的困境。為了減輕這些未知事件帶來的「損傷」，我們能做的只有未雨綢繆，提前儲備好應急資金，以應對這些特殊情況的發生。

納西姆‧塔勒布（Nassim Taleb）在《黑天鵝：如何應對不可知的未來》（The Black Swan: The Impact of the Highly Improbable）一書中提出，要大家謹記的幾個原則，其中有一個就是：學會喜歡冗餘。冗餘（特指床墊下藏著的儲蓄和現金）與債務是相對的。心理學家告訴我們，致富不能帶來幸福—如果你花掉自己的積蓄的話。如果你將錢藏在床墊下，你便擁有了針對「黑天鵝」更有利的抵禦能力。

相對來說，這筆資金對於靈活性的要求非常高，平時不能輕易取出使用，但到了關鍵時刻又要能隨時取出，因此，建議選擇一些靈活的儲備方式。例如以活期存款形式存放在銀行，或配置貨幣基金這種投資期限靈活的產品。一般來說，準備一筆能夠覆蓋三～六個月家庭開支的錢就可以。

此外，如果沒有配備保險，那應急資金中最好增加對醫療支出的準備。

如何選擇最適合自己的活錢？

管理「活錢」時的注意事項

　　活錢管理的錢，是你生活中隨時需要用的錢，主要用於日常支出。對於活錢管理，應該如何選擇合適的理財產品呢？

　　首先要考慮的就是安全性，其次是流通性，最後才是獲利。因爲這筆錢用於應急或日常生活，所以安全性一定是重中之重。這筆錢需要隨存隨取，最好贖回當天就能到帳，能直接用來支付而無須來回支取，因此流通性也很重要。在滿足安全性和流通性的情況下，收益當然是越高越好，但卻不是十分重要。

適合「活錢」的理財商品

　　什麼樣的理財產品，適合活錢管理？

　　考慮到上述幾種因素，我們來聊聊市面上比較常見的，適合活錢管理的幾種理財產品。

銀行活期存款

　　銀行活期存款可說是老百姓心中最安全也最熟悉的理財方式，但是報酬率偏低，一般年化報酬率爲 0.85% 左右，相

當於 100 萬元存款一年只能拿到 8,500 元收益。

我不建議大家將銀行活期存款當作活錢管理的選擇。

現金管理類型的金融商品

現金管理類理財產品，通常是指能夠提供現金管理服務的理財產品，主要投資於貨幣市場、債券市場、銀行票據以及政策允許的其他金融工具。一般由銀行及理財子公司發行，具有風險低、獲利穩定、具備一定流通性等特點。

投資者在購買現金管理類理財產品時，最常用於反映現金管理類理財產品收益情況的指標有兩個：一個是日萬份淨收益，另一個是七日年化報酬率。

「日萬份淨收益」是反映現金管理類理財產品日實際收益的指標，例如貨幣基金的單位淨值固定為 1 元，一萬份就是 1 萬元。通俗地說，「日萬份淨收益」就是投資 1 萬元當日獲利的金額。某現金管理類理財產品顯示其在某日的日萬份淨收益是 0.89 元，也就是說，假如投資者當日持有該產品 1 萬份，投資者當日得到的淨收益就是 0.89 元。

「七日年化報酬率」是指，過去七天內該產品的日萬份淨收益水準的平均值，進行年化折算後得到的報酬率。

現金管理類理財產品每日的獲利情況，都會隨著投資經理的操作和貨幣市場利率的波動而變化，因此，投資者看到的「日萬份淨收益」和「七日年化報酬率」是波動的，絕非一成不變。

貨幣基金

貨幣基金又稱為貨幣市場基金（Money market funds），是共同基金的一種，現在已經作為大家耳熟能詳的投資工具，深入我們的生活。意指投入現金定存及高信用評等的短期票券（一般在一年以下）的基金。目標是透過流動性投資維持穩定性高的資產價值，並以配發股息的方式反映績效。

貨幣基金主要投向的是流通在銀行間，安全性較高、期限較短的資產，例如短期國債、票據、同業拆借等。而貨幣基金的投資方向決定了它的安全性。

除了安全性，其流通性也十分良好。貨幣基金的流通性就體現在其贖回的速度上。

大家應該發現了，現在很多貨幣基金都支持快速贖回功能，這與活期存款類似，大家買入後可以隨時賣出，立馬就能到帳，就算是假日也可操作，讓資金運用更靈活。

貨幣基金數量龐大，業績表現自然也會有差異。而報酬率雖參差不齊，但我們一定要記住，活錢要的是流通性和安全性，報酬率差一些是可被接受的。現在網路上有很多關於貨幣基金的小工具和創新產品，均可幫助大家在貨幣基金這個投資品項上，輕鬆提高收益。

如何選擇貨幣基金？

用一句話概括就是，一看流通性，二看報酬率，三看基金規模，四看持有人結構。下面我們就來聊聊。

流通性

簡單來說，若想隨用隨取，那就首選帶有快速贖回功能的貨幣基金。

在介紹貨幣基金的特點時，我們就提到了有些貨幣基金支持快速贖回。這裡再來系統介紹下。貨幣基金有兩種贖回方式，普通贖回和快速贖回。

1. 普通贖回：贖回的資金將在下一個交易日到帳，而贖回當天仍然有收益。

2. 快速贖回：贖回的資金一般能即時到帳，最長不超過兩個小時，但是贖回當天是沒有收益的。快速贖回因為要透過銀行墊資來實現，並不是所有貨幣基金都支持。所以，我們在挑選貨幣基金時，首先要考慮自己是否有當天贖回到帳的需求，有的話就需要優先考慮支援快速贖回的貨幣基金，這個一般在購買時，各平台都會有提示。

報酬率

確認了自己是否有快速贖回的需求後，就要考慮我們最關心的報酬率了。

很多人在選擇貨幣基金時，使用「日萬份淨收益」和「七

日年化報酬率」這兩個指標，但是很多成熟投資者會使用靜態報酬率這個指標。

為便於理解，我們再來回顧一下「日萬份淨收益」和「七日年化報酬率」，這也是貨幣基金最常見的兩個指標。

「七日年化報酬率」就是，假設貨幣基金能將最近七天的賺錢能力堅持一年，所能得到的報酬率。例如某貨幣基金當天的七日年化報酬率是 4%，就表示如果它能保持過去七天的收益情況一年，所獲得的報酬率就是 4%。而「日萬份淨收益」表示，投資 1 萬元到這只貨幣基金，今天一天能賺多少錢。例如某貨幣基金今天的萬份收益為 1.2 元，那麼如果你今天持有該貨幣基金 1 萬元，今天的收益就是 1.2 元。

在選擇貨幣基金時，我們不能單靠這兩個指標來挑選，因為它們的時效性太短了。「七日年化報酬率」僅能體現出最近七天的表現，「日萬份淨收益」僅能體現出當天的表現。而市場行情是不斷變化的。

我們投資於貨幣基金的主要是短期活錢。這部分錢可能只投資一個月、三個月或者半年。因此，衡量貨幣基金的區間收益既不宜過長也不宜過短，用過去一個月的收益來衡量是比較合適的。這樣既有一定的業績持續性，又能反映出當下市場行情中，哪些產品的表現最好。

什麼樣的指標是觀察一個月報酬率最好的指標呢？這就是我們前文提到的「靜態報酬率」（靜態報酬率＝週六日萬

有錢人換你做

份收益 ÷2×365）。之所以叫「靜態」，是因為它不關心交易日的資料，而是只看節假日的。為什麼要這樣？原因在於交易日可能會有因交易導致的業績被短暫拉升的情況，而假日不能交易，就能更準確地反映貨幣基金的真實獲利。

基金規模

在流通性和報酬率之後，應該考慮的就是基金規模，建議既不要選擇規模過大、也不要選擇規模過小的基金，最好是 100 億～ 500 億元的中等規模的貨幣基金。

規模太大的貨幣基金管理的難度相對較大，因此業績也不會太好。規模太小的貨幣基金本身實力不足，現在貨幣基金最重要的投向是銀行的協定存款，如果本身規模太小，就沒有和銀行談判的籌碼，也就沒有辦法拿到較高利率。而且如果遇到大量用戶集中贖回，還會面臨流通性問題。

所以，選擇規模適中的貨幣基金是最明智的選擇。

持有人結構

使用以上三個指標篩選後，如果你還在幾個選擇間猶豫的話，那你還可以查看貨幣基金的持有人結構。

我建議選擇散戶佔比超過 60% 的基金。

你可能會感到奇怪：不是都說機構專業、有眼光，為什麼還要選散戶佔比較高的？

因為機構對市場價格變化特別敏感，只要有一點點風吹草動，它們就會申購或者贖回，導致貨幣基金的波動很大，

不夠穩健。而散戶對於市場利率的變動較遲鈍，貨幣基金的業績

相對就會穩健許多。根據統計發現，只要散戶比例超過60%，即使利率變動，貨幣基金的淨值也不會出現過大波動。因此，持有人結構自可作為一個參考指標。

不過，從投資的性價比來說，與其花上很長時間研究後再挑選一支收益稍高的貨幣基金，還不如把這些時間用在鑽研和提升自己的工作技能和業績上。

對於大多數人，專業基金投顧機構提供的自動選擇貨幣基金、自動調整投資部位的服務，算是相對比較好的選擇，畢竟投入產出比高，既省心又省力。

2.3 第二筆錢：穩健理財

　　穩健理財對應的，是四筆錢資產配置框架中的「穩錢」部分，主要是用半年到三年不用的閒錢來投資，那麼這部分資金就不能有太大的波動，以「穩」為主，透過債券等相對低波動的資產配置提升在預期時間內獲得正收益的機率。本章主要講解穩健理財的特點，以及如何透過「固收＋」來進階，當作本章最後的甜點……。

何謂穩健理財？

穩健理財的特點

　　穩健理財是為了資產保值，同時不希望波動過大。因此通常選擇波動低、不用擔心暴跌的產品，這樣才能安心。

　　怎樣才算「穩健」？可以從兩個層面來衡量：一個是客觀層面，即從理財產品、理財方式的風險大小來看，風險小的相對穩健。另一個是主觀層面，即你所能承受的風險，如果你能承受較高風險，那麼別人認為不穩健的方式也許在你這就成了穩健方式。

「穩健」只是相對而言的，我們要學會和掌握的是將自己選擇的理財產品或方式控制在「穩健」的範圍內。儘管在主觀層面，每個人的情況不同，需要具體情況具體分析。但從產品角度來說，穩健理財產品的特點是比較鮮明的：一是波動要小，有更好的投資體驗；二是獲得正回報的機率要大。

如何判斷理財產品，是否穩當？

我們看市面上各種投資組合的收益曲線，有的像猴子一樣跳上跳下的，有的像樹懶一樣四平八穩，主要就是因為它們底層資產的配置比例不同。最常見的就是股債配置比例不同。一般來說，股票持有部位元越高，組合波動也越大。

市場上常見的穩健理財產品，如果配置了股票類資產，股票佔比一般有三個檔位：一是 10% 以下，二是 10% ～20%，三是不超過 30%。其中，前兩種是更常見的。

當然，一個穩健的理財產品，資產配置比例通常以債券為主，例如佔 80% 左右，股的佔比最好不高於 20%。因為從波動來看，通常股票類資產的最大虧損率在 40% 左右，極端情況可能會超過 60%，而債券類資產在一般情況下的最大虧損率不超過 5%。從收益來看，隨著利率下滑，債券類資產的收益越來越低了。要想多賺一點錢，就需要承擔一些風險去博取更高的收益。因此，許多理財產品都加入了股票類資產，但在增加收益的同時也增加了風險，需要投資者仔細考慮。

合理預估穩健理財的價值？

穩健理財的目標並不是實現資產的大幅增值，而是實現資產保值。在規劃穩健理財的時候，一定要注重將自己的資金與適合的投資產品相匹配，風險與收益相匹配。只關注收益，不關注風險，也不看資金使用期限，臨時用錢的時候，可能會遇到在虧損時不得不贖回的情況。

如果說你有一筆錢，是為不遠的未來的支出做的準備，不需要馬上動用，但是會有具體用途，例如下個月要還信用卡的錢，計畫年底去旅遊的錢，打算明年或後年買車的錢等，比起投資高風險產品，更適合的選擇是穩健型產品，可以在儘量不虧損的前提下去獲取比活錢管理更高的收益，實現合理收益的最大化。換句話說，穩健理財的合理預期應該是爭取保值，抵禦通貨膨脹，然後在持有過程中儘量安心，波動不要太大。

如何選擇適合穩健理財的商品

瞭解了穩健理財的特點，我們該如何選擇相對應產品？

通常將一～三年的投資期限看作中短期投資，例如明年旅遊的錢、後年買車的錢，這些錢都有明確的用途和期限，如果放在股市長期投資，萬一遇到不好的行情，市場大跌，那麼旅遊、買車的預算就得打折了。

所以，對於投資期限在一～三年的資金，建議買入穩健理財產品，且最好持有一年以上。

穩健理財商品的風險

穩健理財產品的投資策略通常是以債券為主，再配置少量高風險、高收益的權益資產或另類資產來增厚收益，如股票、對沖資產等。雖然穩健理財產品的風險相對較小，但不是沒有風險的，這類產品可能含有以下兩種風險。

1. 短期內，債券類資產存在著虧損疑慮。債券是政府、企業、銀行等債務人為籌集資金，按照法定程式發行並向債權人承諾於指定日期還本付息的有價證券，實質就是借據。雖然這張借據是還本付息的，但債券仍然會面臨三大風險，即利率風險、信用風險、流通性風險。所以短期內債券也會波動，甚至會虧損。

（圖 2-2）是萬得債券型基金指數走勢，可以看到，這個指數整體是上漲的，但也並不是一條直線直直向上，而是波動上升。也就是說，在上漲過程中，只投資債券的基金也會出現回檔，買入以及持有過程中，也會經歷波動，出現虧損。

2. 加入高風險資產，獲利增加卻也產生風險。很多人不理解，為什麼穩健理財產品也要加入風險較高的資產。因為利率下滑，不僅現金類資產的收益越來越低，債券類資產的收益也越來越低了。增加高風險資產，就是為了在債券類資

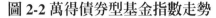

圖 2-2 萬得債券型基金指數走勢

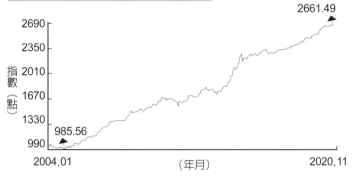

資料來源：萬得資訊

產的基礎上增強收益。

　　如果想獲得更高收益，那就需要承擔相對應的風險。但風險不能過高，所以加入的高風險資產需要控制比例，以保證投資組合的穩健性（見圖 2-3）。

選擇穩健理財商品的二大原則

　　那要如何選擇穩健的理財產品呢？

　　還是要從如何用錢以及你看待風險的態度來衡量。

　　1. 資金的使用期限。資金的可投資期限越長，可承受的風險越高；反之，則不能太高。期限短的資金可以選擇多配置偏債型產品，期限長的資金可以選擇多配置偏股型產品。如果你的資金可投資期限比較長，例如三年甚至五年以上，那麼更建議選擇投資股票持有部位元高一點的產品。因為這樣有機會獲得更高的收益，雖然股票持有部位高會導致短期

圖 2-3 某穩健型理財商品的報酬趨勢

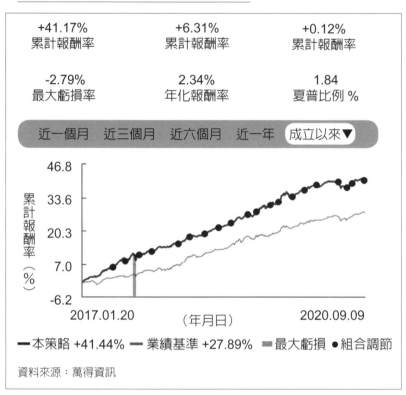

+41.17%
累計報酬率

+6.31%
累計報酬率

+0.12%
累計報酬率

-2.79%
最大虧損率

2.34%
年化報酬率

1.84
夏普比例 %

近一個月　近三個月　近六個月　近一年　成立以來▼

累計報酬率（％）

46.8

33.6

20.3

7.0

-6.2

2017.01.20　（年月日）　2020.09.09

━本策略 +41.44%　━業績基準 +27.89%　▇最大虧損　●組合調節

資料來源：萬得資訊

波動大一些，但隨著持有時間增加，這種短期波動的影響會降低，時間可以撫平波動。

2. 風險偏好。根據自己的風險承受能力和偏好來定。資產配置並不能消除風險，只是讓我們以一個舒服的方式擁抱風險。怎麼樣才舒服，與你自己的風險承受能力和偏好關係密切。

如果你本身的風險承受能力和偏好不高，波動過大會讓你睡不著覺，那麼高波動的產品顯然是不適合的。人性使然，大多數投資者在波動中會追漲殺跌，對於承受能力不高的人，跌幾個點很可能就「認賠」離場了。下跌時因恐懼而賣出，一回本更是趕緊賣出，獲利沒享受，虧損全承擔，得不償失。

如何使用這兩個原則來選擇產品呢？我們舉兩個例子。

【例1】如果你的資金在半年以內就要用到，那麼可以選擇債券基金與貨幣基金的組合，貨幣基金提供了低風險和高流通性，債券基金則提供了收益增強的機會。

當然，如果你對收益沒那麼敏感，更注重資金的安全性和靈活性，也可以選擇貨幣基金來打理這筆錢，類似活錢管理的方式。

【例2】如果你的資金的可投資期限為一～三年，那麼可以選擇 20：80 股債組合的穩健理財產品。

如果你不確定這筆資金多久會被用到，但能確定這筆錢不是隨時要用的活錢，並且自己是個偏好穩健的人，那麼同樣可以選擇 20：80 股債組合的穩健理財產品。因為這類產品，通常能夠以小機率的虧損，幫你實現大機率的獲利可能，又不用經受股市可能帶來的大波動，更易安心持有。

穩健理財的商品有哪些？

什麼是債券

債券是政府、企業、銀行等債務人爲籌集資金，按照法定程式發行並向債權人承諾，於指定日期還本付息的有價證券。

債券類似於借據，例如張三欠了李四 1,000 元，打了一張借據，這張借據就是債券。如果是國家找老百姓借錢，這張借據就叫國債；如果是企業找老百姓借錢，這張借據就叫企業債。

國家、企業，拿到錢之後，會投入建設，修建工廠、公路。當然，錢不是白借的，是要連本帶利償還的。因此債券的投資者不僅能收回本金，還能賺取利息。由此，債券包含了以下三層含義。

1.債券的發行人（政府、金融機構、企業等）是資金的借入者。

2.債券的投資者是資金的借出者。

3.發行人（借入者）需要在一定時期還本付息。

按不同的發行主體劃分，債券主要分爲三類。

主權債券

主要分爲國庫券與地方債券。政府債券是政府爲籌集資

金而發行的債券，包括國債、地方政府債券等，其中最主要的是國債。國債因其信譽好、利率優、風險小而又被稱為金邊債券。

向個人發行的國債利率基本上根據銀行利率制定，一般比銀行同期存款利率高 1 ～ 2 個百分點。

金融債券

金融債券是由銀行和非銀行金融機構發行的債券。我國金融債券主要由國家開發銀行、進出口銀行等政策性銀行發行。金融機構一般有雄厚的資金實力，信用度較高，因此金融債券往往有良好的信譽。

公司（企業）債券

在國外，沒有企業債和公司債的劃分，統稱為公司債。在我國，企業債券的發債主體為中央政府部門所屬機構、國有獨資企業或國有控股企業，因此，它在很大程度上體現了政府信用。公司債券的發行主體為上市公司，其信用保障是發債公司的資產品質、經營狀況、獲利水準和持續贏利能力等，風險較高。

債券的獲利來源

一般來說，債券的收益可以分成兩個部分，即票息收益和價差收益。

票息收益是投資債券獲利的主要管道。由於存在經濟週

期和貨幣政策週期，即使是同一個企業，不同時期發行債券的票息也會有所不同。在銀根緊張，貨幣政策收緊時，債券的票息會比較高；在銀根寬鬆，貨幣政策也放鬆時，債券的票息便會比較低。因此在不同時間點投資債券，收益自會有高低之別。

投資債券還可以得到價差收益。例如，你在 100 元時買的債券，之後因為貨幣寬鬆、資金泛濫，債券價格可能會漲到 100 元以上，如 101 元，這時你除了獲得票息，還可以額外獲得 1 元的價差。當然，反過來，如果貨幣緊張、出現「資金荒」，你之前在 100 元時買的債券，也有可能跌到 100 元以下，如 99 元，這時你就會有 1 元的資本損失。

正是因為有貨幣週期的存在，債券價格出現了波動，投資者短期的收益也會上下起伏，甚至虧損，但拉長時間看，投資債券的主要獲利源泉是票息，所以債券投資者可以無視短期市場波動，長期看會取得良好收益。

為什麼債券指數長期向上呢？因為投資債券可以獲得較為穩定的票息收益，雖然有貨幣政策週期的干擾，收益存在一定的波動，但只要債券不違約，長期持有，投資者總歸是可以收到債券本金和票息的。可以說這是債券與股票最大的不同了，股票跌起來你可能心慌，但債券無論中途怎麼跌，只要不違約，它最終會以 100 元的價格，連帶著票息，兌付給你。

所以，你會看到，債券指數是長期向上的，因為投資者可以持續收到利息。對於債券，短期如果大幅下跌，反而有可能是個機會。

債券的風險有哪些

任何資產都有風險，債券也不例外。債券主要有以下三大風險。

風險 1- 利率

債券的價格與市場利率負相關，即市場利率上升時，債券價格跌；市場利率下降時，債券價格漲。例如，國外許多市場最近十幾年利率一直下調，甚至調到零利率和負利率水準，這些國家的國債價格就漲多跌少。但如果市場利率上升，債券價格就會下跌。中國未來的利率大機率也會長期走低，因此債券或許會走出長期慢牛。

風險 2- 信用

如果欠你錢的人突然跟你說：「我不還錢了……」這就是信用風險。

一般來說，國債代表主權信用，基本是沒有信用風險的。但公司債券則不一定，某些公司因為市場競爭、行業惡化、技術路線偏離、產品沒有銷路、連年虧損等諸多因素有可能還不起錢。這時就會發生債券違約。

債券違約後，債權人可以向法院起訴破產重整，要求公司變賣資產還錢，能夠減少一些損失。

風險 3- 流通性

債券不像股票，債券的流通性很差。如果債券基金遭遇大幅贖回，基金經理要在短時間內變賣債券，可能會有一定的價格折讓，這就是流通性風險。

對於債券，我們既要看到它波動小、收益穩定的優點，也要注意可能存在的風險。

什麼是債券型基金

顧名思義，債券基金就是投資債券的基金，長期收益比較穩定，波動較小。因為債券基金底層資產主要是債券，所以其收益取決於債券的收益，也就是債券的票息和價差。

從長期來看，當前債券的票息確實不高，處於歷史低位水準，因此，我們要適當放低收益預期。從貨幣週期來看，當前全球經濟形勢複雜嚴峻，各國經濟都受到重創，在這種情況下，大幅收緊貨幣政策的機率是很低的。因此，貨幣政策大機率還會保持寬鬆，對債券市場是比較友好的。

從上面的分析可以看出，未來一段時間，債券基金的收益不算太高，因為債券天然可以獲取穩定的票息，長期配置債券基金是可以獲得正收益的。但當前這個時點，債券的性

價比已經沒有之前那麼高了，投資者要大幅降低收益預期。同時，要做好中途可能會波動的心理準備。對於比較保守的人，可以買入中短期債券基金，波動比較小，收益率略高於貨幣；如果比較激進，可以適度配置一些二級市場債券基金，透過權益市場增加收益，但波動會比較大。

如何選擇債券基金

如果能挑到優秀的債券基金，長期收益是非常吸引人的。而要挑到靠譜的債券基金，至少要關注以下三點。

1.投資團隊。首先，與股票投資依賴明星基金經理不同，債券投資非常依賴團隊。因此，買債券基金首選管理債券規模大的基金公司。其次，選擇投資風格穩健的債券團隊。炒股可能風格激進的能賺錢，但債券投資以持久穩健取勝。因此，要排除那些風格激進的債券經理。

2.債券基金規模，不宜過小。債券的配置要足夠分散，才能降低黑天鵝事件帶來的衝擊。最好選擇規模在百億元以上的債券基金。

另外，可以查看投資者結構。如果一個債券基金的持有者大部分是機構，風險相對小一點，因為機構買債券基金一般要做盡職調查，能幫你排除一些陷阱。但如果機構持有比例過多，則可能是個定制基金，這時要具體基金具體分析。

3.理解債券基金的種類。債券基金分為純債券（只買債券）、二級市場債券（最多可買 20% 的股票）、可轉換債

券等。如果買的是二級市場債券，其實更應該關心股市，而非債券。因爲股市的波動比債券大得多，因此對基金的影響更大。

因爲債券比較專業，一般投資人最好不要買單一支債券基金，更好的選擇是由專業的機構／經理人幫我們去挑選基金、配置資產，這樣才能更安心地投資。一般而言，信用評等越好的債券，投資風險相對越低。以標準普爾（S&P Global Ratings，簡稱標普）爲例，其評等次序由高至低爲 AAA、AA、A、BBB、BB、B、CCC、CC、C、D。AA 至 CCC 各級會再以加號（＋）、減號（－），來細分同一評級的高低。

而 BBB（含）等級以上的爲「投資等級」。選擇「投資等級」的債券風險，會較「非投資等級」來的小。

什麼是「固收＋」

這幾年「固收＋」的概念非常火熱，主要是因爲理財產品的淨值化，保本保息的年代已經過去了，需要投資者去擁抱變化。而「固收＋」產品既有波動小的特點，又有追求更高收益的預期，所以成爲大衆投資者所關注的熱點。

簡單從字面上理解的話，「固收＋」是由「固收」和「＋」兩個部分組合而成的。

「固收」部分通常配置的是風險低、收益相對穩定的優質債券類資產，它的主要任務是降低風險、穩定收益，是「固收+」產品的主力軍。而「+」是為了在債券資產的基礎上增強收益，所以只要是能增加收益且符合監管條件的策略，都可以在考慮範圍之內。「+」的部分通常包括了股票投資、股票和可轉換債券、股指期貨、國債期貨、可轉換債券、量化、套利等。

打個比方，一杯無糖去冰的黑咖啡就好比是「固收」，可以滿足消費者的基礎需求；在此之上往咖啡裡加鮮奶、加糖、加冰等，呈現不一樣的風味，滿足消費者的不同需求，便可以理解為「+」的部分。總的來說，「固收+」是一種投資策略，這個策略是把大部分（如80%）資產，用來投資債券，以求獲得相對穩定的收益。同時，再配置一小部分（如20%）風險較高的資產，來博取更高的收益。

「固收+」的目標是獲取穩健的正收益，但這並非保證。

「固收+」是怎麼加的？

要想保持收益相對穩定，「固收+」產品都是債券基金打底，再加一些其他投資標的，如股票、可轉換債券、打新等，試圖增加收益，舉例如下。

1. 固收+可轉換債券+20% 及以下的股票＝二級市場債券基金[1]。二級市場[2]債券基金就是典型的 20 / 80 股債組合，80% 的債券基底打下了平穩的基調，從歷史表現來看，年化

收益率大概爲 4% ～ 7%。但依然會面臨 2% ～ 4% 的虧損風險，尤其是遇上債災，虧損突破 5% 也有可能。

2. 固收 + 可轉換債券 +40% 及以下的股票與打新等 ＝偏債型混合基金。在偏債型混合基金中，債券基金的佔比在 60% ～ 80%，其餘部分，會投資股票、打新甚至股指期貨、國債期貨等。增加的部分，使整檔基金的風險和收益同步提升。

3. 不確定比例 ×（固收 + 可轉換債券 + 股票……）＝靈活配置型混合基金。同樣成分的一杯「混合基金咖啡」，靈活配置型混合基金不會因配方限制自己的配置比例，在很大程度上，考驗著基金經理「煮咖啡」的功力。所以挑選靈活配置型混合基金就類似於挑選主動管理型基金。

4. 偏債型基金組合。市面上還有一些以「穩健」爲目標的基金組合，打包一籃子基金，也屬於「固收 +」範疇。這種基金組合的本質邏輯也是資產配置，但涉及的風險和收益，還要具體組合具體分析。

挑選「固收 +」基金的關鍵

「固收 +」所加上的，除了收益，也有風險，這份風險導致它能夠帶來的收益不再固定。風險和收益都是正相關的，想要提高收益，就會有一定的風險，如果選不好，不僅不能出現增加收益的效果，還有可能出現減少收益的效果。

市場上與「固收 +」相關的產品有幾千隻，選擇時有幾點要關注。

1.關注風險把控。一隻優秀的「固收＋」基金，使命是先控風險，再追收益，投資過程中對組合的風險控制能力會有更多的考量。

　　2.關注投資團隊的債券管理實力。債券資產是整個「固收＋」產品的基礎，如果連基礎都沒有把握好，又如何能積極捕捉更多收益呢？

　　3.關注團隊的資產配置、選股能力。「固收＋」的「＋」是增加收益的主要環節。優秀的資產配置能力和選股能力可以為「固收＋」產品增添光彩。「固收＋」不是簡單的股債投資相疊加，而是需要進行靈活且恰到好處的資產配置，根據市場行情對投資組合進行動態調整，因而更有機會給投資者帶來良好的持有體驗。

　　「固收＋」產品，對風險承受能力較低的投資者來說，確實是一個不錯的選擇。在本金安全的前提下，可以幫投資者獲取更高的收益。但由於「固收＋」的「＋」配置了一小部分風險較高的資產，短期內可能會有一定波動。

　　所以，投資「固收＋」產品最好用長一點的時間來投，把期限拉長，優秀的「固收＋」組合大機率可以獲得超越貨幣基金和銀行理財的長期回報。

---

1. 意指該基金在投資債券時也投資二級市場，但股票的持有部位最多不能超過該基金總資產的 20%.
2. 買賣上市公司股票的資本市場。

2.4 第三筆錢：長期投資

「長期投資」對應的是四筆錢資產配置框架中的「長錢」部分，這是投資收益的主要來源，但由於這筆資金大部分是投向高波動的股票類資產，所以更需要具備充分的理解和認知，才能真正實現「長期投資」的目標。

本章接下來主要將講解「長期投資」的本質、篩選條件以及股票型基金的投資方法。

🐷 長期投資的預期心理

長期投資有多長？

長期投資的理念應該不用再多加贅述了，但這個「長期」究竟是多長？相信不同人可能會有不同的評判標準。

有人會覺得一年很長，因為經歷了春夏秋冬；有人會覺得四年很長，因為經歷了一個完整的庫存週期（基欽週期）；也有的人會覺得十年很長，因為這大概已經歷了完整的一輪牛市與熊市的輪迴……

但究竟有多長，這個問題還是因人而異，但又可從以下兩大面向去思考。

一種投資概念、方法

　　前面我們講過，若以「買資產」的邏輯去做投資，那麼只要我們不把這筆錢取出消費，就一直是以不同資產的形式存在，這麼說來，長期投資的期限就應該是終身。

　　根據幾家基金公司發佈的《公募股票型基金投資者盈利洞察報告》，截至 2020.12.31，過去十五年，主動股票方向基金業績指數累計漲幅高達 1,100.79%，年化報酬率為 18.02%，這意味著一個普通投資人在十五年前持有一支業績尚可的主動管理基金直到 2020 年年底，應該也有約 11 倍的收益，而這個獲利水平遠超過各大類資產。

　　但現實中，鮮有人能達到這個報酬率，究其原因主要有以下四點。

　　1. 十五年前，上班族平均收入偏低，就算在那時進場，本金也較少，對於後續增量資金佔比很低，所以在不斷增加投資資金的過程中，往往就攤平了應有的獲利。

　　2. 十五年的長期投資很難做，因為這當中經歷了 2008 年大熊市，2015 年的「股災」，只有真正做到「忘記」這筆錢的投資人，才有可能做到持有不動。

　　3. 過去的十五年，正好是全球經濟飛速發展的時代，投資報酬率偏高。

4.市場因素也很重要，2020 年年底恰好就是一個階段性的市場高點。

從表面上來看，買入後長期持有就能獲得不錯的收益，這看似簡單，實則要求很高。因為天時、地利、人和，缺一不可。

1.天時：經濟發展向好，企業發展增速快，投資報酬率才會提升，也就是我們常說的國運昌隆。

2.地利：資本市場健康發展，引導價值投資和長期投資，對於違法行為從嚴處罰，為市場提供良好的投資環境。

3.人和：投資者有正確的投資觀，絕不追高殺低，更不要頻繁交易。

天時與地利不是我們可以左右的，但是人和可以，透過提高投資認知，減少市場雜訊，選擇優質企業，做到心中有數，便可長期投資。

必須處於一種舒適的狀態

在具體的操作層面，想要長期投資，就一定要讓自己處在一個舒服的投資狀態中。如何讓自己感受更舒服，在此有以下四點建議。

1.保障穩定的現金流。每個月源源不斷的薪資收入或業外收益，可以大幅增加我們的投資信心，現金流就如同我們的「彈藥庫」，只要彈藥庫能持續不斷地補充，我們就不怕打硬仗。不要輕易嘗試全職投資，投資這件事很難，全職投

資和兼職投資的心態完全不同。兼職狀態下，每個月都有新增資金補充，即使遇到大跌，成本也能越來越低。全職投資則需要每月從帳戶中取資金使用，一旦遇到大跌，浮虧就會變成實際虧損，此時的心態很容易失衡，導致出現更多不理性的操作。

2. 做好規劃資金。不要用短期的資金投資高風險資產。投資股票類資產的資金，原則上應該是三年以上不用的閒錢。如果投資時間少於三年，則建議投資其他低風險的品種。

3.建立自己的投資邏輯。知道自己為什麼買，為什麼賣。例如因為看好某位基金經理人而買入其管理的基金，那麼一旦該基金更換基金經理人，之前買入的邏輯就被打破，可以選擇賣出基金。或者因為逢低買入，一旦資產回歸估值就可以賣出。有自己的投資邏輯，才能更好地管理資產，不斷優化和調整，讓自己的投資有效性更高。當然，建立自己的投資邏輯是一件非常困難的事，你也可以選擇自己信任的投顧機構或專人來幫你管理資產。

4. 動態止盈，提高成就感。長期投資並非死守著不賣，這點一定要注意。市場先生總是在「高估」和「低估」中不斷切換，例如 2008 年的六千點和 2015 年的五千點，那時明顯估值偏高，可以趁機止盈，在落袋為安的同時，提高投資獲得感。

一旦真正從市場上賺到錢，才能有信心在市場中長久生存下來。投資這件事可以持續終身。獲取更多的現金流並做好資金規劃，建立自己的投資邏輯且不斷驗證，在正向的回饋中實現投資的價值。這是一條相對不太困難但卻比較有效的道路。雖然不一定能讓我們實現一夕致富，但應可實現資產保值增值無虞。

設定長期投資的獲利目標

投資之前，我們都會在心裡設定一個目標報酬率。但到底設置多少合適呢？可能很多人都沒有探究過……。

投資大師的報酬率

1.「股神」華倫 · 巴菲特，五十五年的複合年化報酬率為 20%。

2.「價值投資之父」班傑明 · 葛拉漢（Benjamin Graham），巴菲特的啟蒙恩師，三十年的平均年化報酬率為 20%。

3.「傳奇基金經理人」彼得 · 林區（Peter Lynch），十三年的平均年化報酬率為 29%。

4.「量化投資之父」愛德華 · 索普（Edward Oakley Thorp），二十年的複合年化報酬率為 19.1%。

可以看到世界級投資大師的年化報酬率都在 20% 左右，

而且獲得這樣的報酬率還有很強的時代背景。如同巴菲特所說：「我是 1930 年出生的，當時我能出生在美國的機率只有 2%，我在母親子宮裡孕育的那一刻，就像中了彩票，如果不是出生在美國，我的生命將完全不同！」

很多投資大師都是在大的時代背景加持下，方才獲得可觀的報酬率，然而在現實中，很多一般投資人對於 20% 的報酬率不屑一顧，覺得每年拿下兩個「漲停板」其實是一件再輕鬆不過的事情。

專業投資人的報酬率

筆者統計了市場上股票型、偏股混合型，管理時間超過一年的業績表現。管理時間為一～五年的基金經理人，其取得的年化報酬率平均超過 20%（主要受當時市場風格的影響），而十年以上的年化報酬率平均僅為 11%。進一步觀察可以發現，十年以上的老將們，其投資年化報酬率多半集中在 5% ～ 15%，但卻沒有一個人的年化報酬率超過 25%（見圖 2-4）。

公募基金[1] 經理人已是市場中的佼佼者，他們有著很強的專業知識，也有靈通的消息以及公司的投研資源，長期看下來他們的報酬率也維持在 8% ～ 12%，比世界級的投資大師還要低一個層級。從十年以上的角度來看，能比公募基金經理人取得更高報酬率的投資者更是少之又少，在市場大起大落的過程中，他們總是會被淘汰，成為很多投資者的歸宿。

圖 2-4 基金經理人的年化報酬率分佈

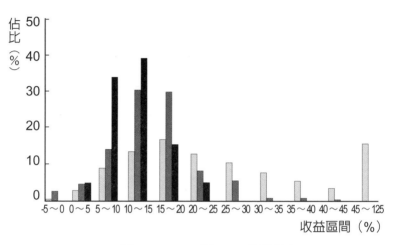

圖例：□ 1～5 年　■ 5～10 年　■ 10 年及以上

備註：資料截至 2020 年
資料來源：萬得資訊

設定自己的報酬率

　　看完前面兩個例子，大家對於目標報酬率應該有一定的概念。投資並不是實現一夜暴富的途徑，所謂「一年三倍易，三年一倍難」，在長期視角下，獲得高收益是非常難的一件事，千萬不要有「每年都能大賺一筆」的錯覺。

　　設定目標報酬率的核心是「實事求是」，要客觀評價自身的投資能力、經驗、專業水平以及實際的經濟情況，才能妥善設定目標。

　　在設定目標前，以下三個基礎指標更是我們一定要心中

有錢人換你做

有數才行。

1. 消費者物價指數（CPI）：這是衡量全年度人民常用消費品價格漲跌情況的指數，例如若今年年 CPI 同比增長0.9%，代表今年的人民日常必需品的價格比去年漲了 0.9%，如果你的投資收益能跑贏 CPI，即代表你實現了資產保值的目標。

2. 國內生產總值（GDP）：衡量一個國家和地區經濟狀況與發展水準的指標，如果你的投資報酬率能比 GDP 增長率高，相當於你的資產增長跑贏了國內平均的經濟增長，這便算是非常不錯的水準了。

3. 廣義貨幣供應量（M2）：M2 ＝ M1+ 商業銀行定期存款，一般又稱廣義貨幣。是指流通於銀行體系之外的現金加上企業存款、居民儲蓄存款以及其他存款，它包括了一切可能成為現實購買力的貨幣形式，通常反映的是社會總需求變化和未來通貨膨脹的壓力狀態。投資如果能長期跑贏 M2增速，那就是非常厲害的一件事了。

為什麼要給大家這三個宏觀指標，而不是一個具體的投資目標數值？因為市場環境在不斷變化，以一個固定數值去要求一個永遠變動的市場，這是非常不科學的。如同現在很多人都在說要設定 10% 報酬率的目標，但要知道，多年前投資銀行存款的報酬率就有 5% 以上，10% 的報酬率並不算高。同理，如果未來經濟面臨下行壓力，貨幣政策繼續寬鬆，

10% 的目標報酬率應該就又顯得太高了。

因此，我們的目標隨著動態的宏觀經濟資料來調整投資節奏，這才是最好的方案。如果未來經濟趨勢向上走，宏觀經濟資料都很好，那我們就調高目標，但反之就調低，每年回頭檢視收益和目標之間的差距並不斷調整，才能在投資這條路上走得既快又穩。

尋找長期投資報酬率高的資產

股票投資 VS. 長期報酬率

投資這件事本身就具有較大的不確定性，為了尋找不確定性中的確定性，市場衍生出很多投資流派，例如技術分析派、基本面分析派等等。即便如此，股市中依舊存在著「追高殺低」的情況，造成這個情況的因素很多，主要還是由於資本市場發展時間還不夠長……。

很多投資者熱衷於「炒短線」，希望透過短期投資實現一夜暴富。縱觀全球投資市場，真正的投資大師，卻很少是透過反覆短期炒作實現資產大幅增值的。巴菲特的老師，班傑明·葛拉漢（Benjamin Graham）是「撿菸蒂」投資的發明人，透過大量買下大幅跌破公司淨資產的企業，並對其進行改組，從而獲得收益。但在晚年，班傑明·葛拉漢不再

從市場中尋找「菸蒂股」，而是轉向價值投資，透過尋找未來具有發展潛力的公司，獲取長期回報。這是因為市場越來越成熟，「市場先生」犯錯的次數越來越少，撿便宜的機會不易出現，而透過買進優質公司並伴隨其成長的方式，效果反而更好。自此，班傑明‧葛拉漢確立了價值投資理念的四個基本原則，包括：買股票就是買公司、安全邊際、市場先生、能力圈。

在價值投資理念興起的基礎上，美國市場也迎來了快速發展和長期牛市的格局，股票投資成為主流的投資方式。而股票投資的優勢很多，主要有以下兩點。

長期報酬率較高

（表 2-4）和（圖 2-5）統計了美國股票、債券、短期國債、黃金以及美元在 1802 ～ 2012 年的年化報酬率情況。

在這個時間段內，美國經歷了一戰、二戰，也經歷了工業革命，有經濟大蕭條時期也有經濟大爆發時期，這二百多年幾乎包含了所有可以想像到的突發情況。從（表 2-4）和（圖 2-5）中可以看出，股票是二百多年間收益最高的，平均年化報酬率達到 6.6%，這是剔除了通貨膨脹後的真實報酬率。最初的 1 美元，如果投資股票並進行紅利再投資的複利滾動，最終可以獲得 704,997 美元，投資債券只能獲得 1,778 美元，短期國債獲得 281 美元，黃金獲得 4.52 美元，而持有現金則會貶值為 0.05 美元。

由此可見，在長期視角下，投資股票的報酬率是最高的，如果沒有配置股票，那麼幾乎跑不贏通貨膨脹。然而股票的波動率在所有資產中也是比較高的，在市場起起伏伏的波動中，也造成大量投資者虧損。

表 2-4 美國不同資產的年化報酬率（1802 年～ 2012 年）

資產類別	年化報酬率（%）
股票	6.6
債券	3.6
短期國債	2.7
黃金	0.7
美元	-1.4

資料來源：萬得資訊

股市是國家經濟發展的縮影

股票的背後都是一家家上市公司，這些公司發行股票的本質是出讓一部分公司股權，透過募集資金，實現生產經營的擴大化，或補充流動資金，應對未來風險。所以，股票的本質是投資者和上市公司共擔風險，共享獲利。

在這個背景下，股市好壞和經濟局勢緊密連結，經過工業革命，全球經濟正式進入飛速發展期。全球 GDP 總值從 1960 年的 13,902 億美元，增長至 2020 年的 847,469 億美元（見圖 2-6），在這期間，主要經濟體的股市也實現了大幅增長。

有錢人換你做

圖 2-5 美國不同資產的歷史報酬率

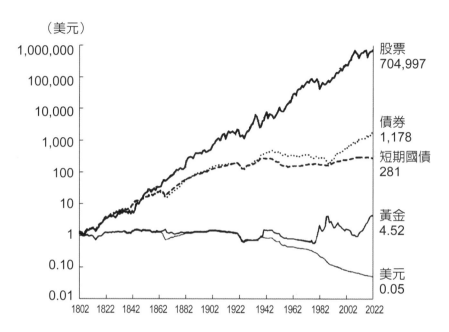

資料來源：出自《股市長線法寶》（Stocks for the long run）；傑瑞米·
西格爾（Jeremy J. Siegel）著；馬海湧、王凡一、魏光蕊 譯 .2018。

　　其實，股票類資產最好在資產配置中，要佔有一席之
地，即使波動比較大，也可以透過調整持有的股債的比例，
或做定投等方式使收益平滑。如果不持有優質股票，那麼未
來個人以及家庭財富也將面臨較大貶值風險。

圖 2-6 全球 GDP 總值

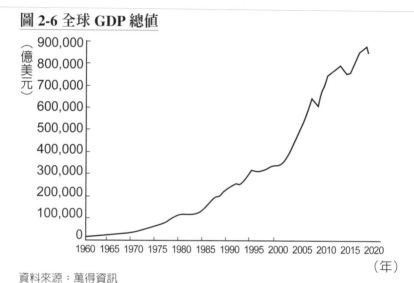

資料來源：萬得資訊

資本市場投資獲利的途徑、邏輯

　　我們已經知道，股市是長期視角下收益最高的大類資產，但想從資本市場中賺錢，其實並不容易，否則就不會有「追高殺低」的狀況出現了。

　　想要賺錢，首先是要知道收益的來源及邏輯，這樣才能賺安心錢、賺認知錢。在資本市場中取得的收益，主要分為兩大部分，亦即紅利收入和資本利得。

「紅利」是長期投資的一大保障

　　我們買入一家公司的股票，就成為這家公司的股東，在享受公司成長帶來收益的同時也會承擔相應的風險。公司經

營得越好，我們獲得的收益就越大，其中就離不開「分紅」。

很多人會覺得分紅沒有用，因為分紅後是要除息的。例如你以每股 10 元的股價買入 10 萬股 A 股票，市值是 100 萬元，這時候 A 股票分紅 10%，也就是每股份紅 1 元。在分紅當天，股價就會除息 1 元，你的持有部位就從 100 萬元市值變成 90 萬元市值與 10 萬元現金。

如果你把這分紅的 10 萬元再次買成 A 股票，就是用紅利再投資。乍一看，可能會覺得自己持有的資產價值並沒有變，但長期來看，一切就會變得不一樣。以「格力電器」為例，截至 2021 年，公司上市分紅 898.55 億，從市場上融資 51.52 億元，分紅融資比是 1,744%，分紅金額遠超從市場融資的金額。如果你在「格力電器」1996 年上市時，以開盤價 17.5 元買入 1,000 股，花費 17,500 元，那麼現在值多少錢？

截至 2022.06.19，「格力電器」總共轉增股本八次，1,000 股變成 60,750 股，按照收盤價 32.65 元計算，市值約 1,983,487 萬元。累計分紅 27 次，累計獲得分紅約 966,567 元。總計為 1,983,487+966,567 ＝ 2,950,054 元，相比投入的 17,500 元，增長了約 167 倍。

二十六年的持股時間，167 倍的投資收益，這個比例相當高了，而這背後也有大量的因素支撐，方才得以促成這樣的收益。

1. 中國從 1996 年至今經濟快速騰飛，GDP 從 8,600 億元，增長到 2022 年的 114 萬億元，增長了約 132 倍。

2. 中國空調行業快速崛起，內需增長和外延擴張並重。

3. 格力自身穩健經營，空調家電品質過硬，在內外夾擊下，逐步成長為世界家電行業的龍頭企業。

4. 中國資本市場的迅速發展，支援了實體經濟的發展。

無論是宏觀因素，還是微觀因素，全部疊加在一起才造就了這樣的報酬率。投資者給企業提供融資支持，企業分紅回報投資者，這才是最為良性的投資方式。如果我們不選好公司來享受分紅，也可選擇紅利基金，相當於買入一籃子高分紅企業。

資本利得並不穩定

簡單說，資本利得就是我們高賣低買後所獲得的價差，很多人喜歡透過短線交易獲利，畢竟一個漲停板就有 10% 或 20% 的報酬率，遠比持有一家分紅率為 2% 的企業五年來得更快。短線交易雖然賺錢快，虧錢同樣也很快，在資本市場中，盈虧同源是亙古不變的真理。而且無論你是賺還是虧，都會產生手續費或課稅等成本，所以想要做好短線交易，一定要有較高的成功率。

目前市場上存在很多技術分析流派，都說自己的成功率很高，但真正能在市場中活下去的卻少之又少。每天都有漲停的股票、大漲的板塊，網路上時不時還會出現天天賺錢的「股神」。很多人都經不起誘惑，所以從一開始定下的長期

有錢人換你做

持有變成追漲殺跌。等到真正經歷一輪牛市換熊市後，這才驚覺不如一直持有，賺得還比較多一些。

希望大家可以建立自己的投資觀和投資邏輯，如果是看重長期收益就去買進績優股並長期持有，想透過資本利得獲取短線收益，就不要因被套牢而又開始想念「長期投資」。

市場的週期理論

我們知道了資本市場收益的來源，也知道了長期視角下，股票收益在大類資產中是比較高的一群，那麼接下來就要開始瞭解市場的週期性。

投資時，我們期望的獲利曲線是線性的，最好能沿著一條直線持續往上走，但實際上，我們的獲利曲線往往是非線性的，是會不斷波動（見圖 2-7）。

收益漲跌的背後存在著許多因素，但這些因素都離不開「週期」兩字。所謂「萬物皆週期」，在經濟上行週期，全國人民綜合所得上揚，就業率攀升，薪資提高，順勢帶動企業的獲利上升，這林林總總反映到股價上，就會抬升股價。這時，無論是生活還是投資都會比較順利，獲利機率大增。但反觀若處在經濟下行週期，貨幣價值緊縮，失業率變高，薪資漲幅卻放緩，企業出現緊縮性經營，股價承受下跌壓力……，這時資產出現減值機率，也會隨之增加。

圖 2-7 預期 VS. 實際的獲利曲線

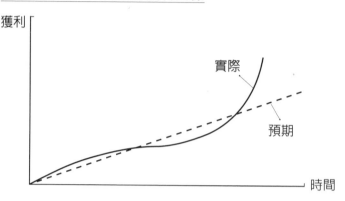

資料來源、製表：作者

唐朝詩人羅隱在《籌筆驛》一詩中曾寫道：「時來天地皆同力，運去英雄不自由。」其中便頗有一縷週期的意味在。

以下就為大家介紹幾個常見的週期，並說明對投資造成的影響。

經濟週期—美林時鐘

各國央行都希望國家經濟平穩發展，所以在經濟出現下行時降息，經濟過熱時升息，希望透過人為手段減緩市場波動，也就是我們常說的「宏觀調控」（簡稱宏調）。

美林證券曾對美國發展了三十多年的歷史經濟資料進行研究，提出「美林時鐘理論」（The Investment Clock）[2]，將經濟週期分為四個階段，分別是衰退、復甦、過熱和滯脹，而四個階段分別對應四種不同的投資產品（見圖 2-8）。我

有錢人換你做

們在投資時就可以根據週期來進行大類資產的輪動配置。

這個理論的成因非常通俗易懂。

當全球經濟下行並處於衰退時，企業盈利能力大幅下降，為了刺激經濟和就業，鼓勵企業融資，央行就會進行降息。這時貨幣政策非常寬鬆，債券表現會比較好，而隨著經濟觸底，股票也會開始具有吸引力。

經濟在被刺激起來後，就會進入復甦階段，這時企業融資成本低，開始擴大融資規模，盈利能力大幅改善，股票的彈性最大，成為最具吸引力的投資品。具體到各個資產的表現，在復甦階段，經濟快速發展，企業盈利增加使得股票收益更具彈性，一般來講，股票相對於債券和大宗商品，往往更具收益潛力。

隨著經濟進一步發展，市場開始過熱，貨幣政策逐步收緊。為了幫市場降溫，防止惡性通貨膨脹出現，央行開始升息，這時能抵禦通貨膨脹的大宗商品性價比，通常會更高。

最後，經濟先於通貨膨脹下行，開始進入滯脹階段，央行只能進一步升息，這時持有現金更好，因為其他資產都會蒙受負面影響。經濟隨後進入衰退期，周而復始，完成一輪週期。

經濟週期的波動可作為我們大類資產配置的參考指標，在動盪的市場下，尋找性價比高的標的，再結合其他方法，一舉形成更有效的資產配置策略。

圖 2-8 美林時鐘

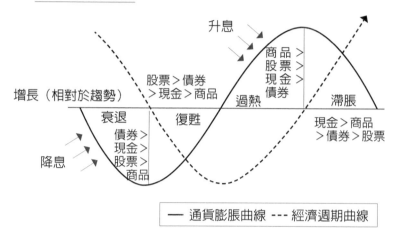

升息

商品 ＞
股票 ＞
現金 ＞
債券

股票＞債券
＞現金＞商品

增長（相對於趨勢）

衰退　　　　復甦　　　過熱　　　滯脹

債券＞
現金＞
股票＞
商品

降息

現金＞商品
＞債券＞股票

—— 通貨膨脹曲線 --- 經濟週期曲線

資料來源、製表：且慢基金投資研究所

情緒週期

在實際的投資行為中，影響獲利的因素還包括有情緒週期。上市公司的股價每天都在變動，有的公司甚至會出現暴漲暴跌的情況，例如 A 公司股價一周內漲了 50%，你能說 A 公司的利潤在一周內增加 50% 嗎？

答案肯定是不行的。

影響股價更多的是投資人的情緒，當股價開始下跌，投資人會猜測公司基本面是否有不為人知的利空消息，股價這時若繼續下跌，市場則會開始釋放出恐懼氛圍，投資大眾

開始離場，反應在股價上的就是加速股價下跌。上漲也是同理，投資人會猜測公司是否有不為人知的利多消息，若後勢繼續上漲，則會認定此一結果剛好印證了自己的猜測，加速買進。

　　投資者的心理和情緒就如同鐘擺一樣，大部分時間都處於兩個極端，要嘛是強烈看好買入，要嘛就是強烈看空賣出，通常很少停留在公允的中心點。從樂觀到悲觀，從貪婪到恐懼，從偏愛高風險到厭惡風險，從價值投資到頻繁交易，投資者的心理和情緒不斷變化，這中間可能僅僅間隔了一個月、一周甚至是一天。

　　這一個特點在牛市中展現得更是淋漓盡致，很多人會把牛市帶來的超額收益，當成是自己的投資能力，開始不滿足於牛市帶來的 50% 甚至 100% 的報酬率，改而去追求更高的報酬率，不斷放大投入資金，追漲已處高價位的股票，直到最終，牛市轉向，財富化為烏有……。

　　真正厲害的投資人應是理性、客觀，實事求是而非憑空猜測，對於漲跌都該有自己的看法和觀點，不是人云亦云。甚至在操作上可以逆人性投資，「別人貪婪我恐懼，別人恐懼我貪婪」。記得在投資時多問問自己：「為什麼會漲？邏輯是什麼？能否持續？為什麼會跌？理由是什麼？有沒有機會？」多去逆向思考，才能擺脫情緒週期。

其他常見的經濟週期

基欽週期（**Kitchin Cycles**）

基欽週期是美國經濟學家約瑟夫・基欽（Joseph Kitchin）提出的一種週期理論。他對英國和美國的資料進行分析後，發現庫存、物價、就業率等資料，都是以四十個月做為期限來進行週期波動。有別於宏觀的經濟週期，基欽站在微觀基礎（Microfoundations）去觀察企業生產和庫存的變動，透過庫存的變動去預測市場需求的變化，所以基欽週期也被稱為庫存週期。

以美國生豬庫存為例（見圖 2-9），基本上我們發現，生豬庫存都是以四年為一個週期，持續不斷地波動著。在養豬企業的經營中也分為以下四個部分。

1. 主動補庫存週期：當豬肉價格上漲，養豬企業有利可圖，就會吸引企業擴張規模，增加產能。

2. 被動補庫存週期：豬隻有生長週期，在小豬成長過程中，庫存會不斷補充，而前期豬肉價格上漲又抑制了需求，導致庫存增加，豬價開始下跌。

3. 主動去庫存週期：豬肉價格開始大幅下跌，庫存處在高水位，養豬企業開始虧損，企業這時開始去化庫存，殺掉母豬來強制停損。

4. 被動去庫存週期：豬肉供給量大減，價格處在低水位，

市場需求開始顯著回升，豬肉價格上漲，去庫存接近尾聲，養豬企業開始醞釀新一波的補庫存。

　　每一個階段，基本持續時間都是十～十二個月，每一輪的庫存變動都會讓企業獲利能力出現變化，唯有抓住週期機會，方可妥善分析企業投資機會。

　　基欽週期更適合應用在成熟型行業上，經歷了充分競爭，市場格局相對穩定，例如養殖業、鋼鐵業等。因為高速成長的企業會在較長一段時間內處於供不應求的狀態，並不存在去化庫存的週期，有關這點一定要特別注意。

圖 2-9 美國生豬隻庫存

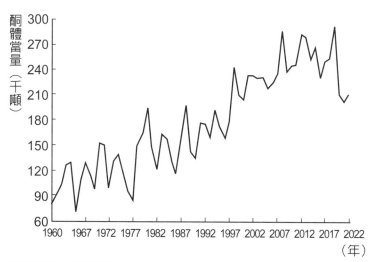

資料來源：萬得資訊

朱格拉周期（Juglar cycle）

該理論由法國醫生克萊門特・朱格拉（Clement Juglar）提出，認為十年一期的經濟週期，多半是由三個基欽週期組成一個朱格拉週期。在實際應用中，主要是衡量設備更新換代的週期性指標。因為生產機械和設備都有使用壽命，每隔一段時間就會產生更新與反覆運算的需求，而這個需求的變動，遠比庫存週期還要長。

從（圖 2-10）中可以看到，美國設備投資增速幾乎是每十年一個週期，在工業化時代，週期性更為顯著，而在資訊化社會的今天，週期性正在慢慢減弱。朱格拉週期主要用於製造業的研究，在產業升級中也具備很強的指導意義，包括汽車製造、風電組裝等領域。在設備更新反覆運算中，也會

圖 2-10 美國設備投資同比增速

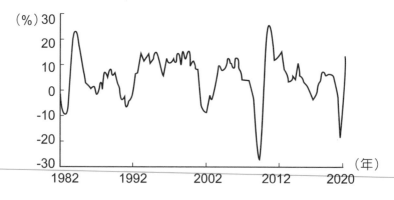

資料來源：萬得資訊、開源證券研究所

涉及原材料的需求，如鐵礦石、燃料、有色金屬等，這就會疊加前面的基欽週期，讓上游原料行業大幅受益，需求大幅增加，爲企業帶來更高的收益。

康狄夫長波理論

該理論簡又稱爲長波、K-波，由蘇聯經濟學家尼古拉‧康德拉季耶夫（Nikolai Kondratiev）在其於 1925 年出版的著作《大經濟週期》中首次提出此觀點。該週期是經濟週期裡的長週期，一般爲五十～六十年。根據技術革新來劃分，俄國經濟學家康德拉季耶夫發現，在過去的幾百年中，人類文明的發展及社會的演變，都會以這個時間爲節點，六個朱格拉週期便可組成一個康波週期。

十八世紀六〇年代，第一次工業革命讓人類正式進入蒸汽時代，帶動全球經濟進入大繁榮期。但繁榮過後就是衰退，加上戰爭的影響，經濟局勢進入蕭條期。隨後，第二次工業革命再讓人類進入電氣時代，順勢激發了新一輪的繁榮週期（見表 2-5）。

康狄夫長波理論採用更長的面向來洞察時代的發展規律，在大繁榮中醞釀著衰退，在大蕭條中醞釀著復甦。一生中若能抓住一次復甦和繁榮期，那麼對於財富的增值將起到關鍵作用。研究週期的主要目的是建立波動的思維，上漲是風險的累積，下跌則是機會的增加，透過長短週期的搭配，在蕭條期和復甦期累積籌碼，而在繁榮期落袋爲安。結合不同大類資產之間的輪動轉換，讓收益跑贏市場的平均水準。

建立邏輯框架是投資的基礎，研究投資商品無非就是錦上添花，如果框架和邏輯都不夠清晰，那麼即便對單一產品的研究再精細，往往也很難獲得很好的投資回報。

表 2-5 「康狄夫長波理論」的劃分

復甦	繁榮	衰退	蕭條
	1782～1802 年 （20 年）	1815～1825 年 （10 年） （戰爭 1802～1815 年）	1825～1836 年 （11 年）
1836～1845 年 （9 年）	1845～1888 年 （21 年）	1866～1873 年（7 年）	1873～1883 年 （10 年）
1883～1892 年 （9 年）	1892～1913 年 （21 年）	1920～1929 年 （9 年） （戰爭 1913～1920 年）	1929～1937 年 （8 年）
1937～1948 年 （11 年）	1948～1966 年 （18 年）	1966～1973 年 （7 年）	1973～1982 年 （9 年）
1982～1991 年 （9 年）	1991～2004 年 （13 年）	2004～？	？

資料來源：1973 年以前的劃分參見雅各 · 范杜因《創新隨時間的波動》。1973 年以後為陳漓高、齊俊妍所劃分，參見陳漓高、齊俊妍《資訊技術的外溢與第五輪經濟長波的發展趨勢》。第五波長波為周金濤劃分。

適合長期投資的品項

股票型基金的分類和特徵

以下將會詳細講述股票型基金的分類和特徵，讓大家更認識這一項投資商品。

有錢人換你做

股票型基金就是把資金集中在一起，由專業的基金經理人投資「一籃子」股票，這當中通常會包含不同或偏重某一類產業，對該基金特性影響頗大。而由於股市的漲跌波動變化大，所以股票型基金的波動相對也較大。例如指數基金99% 以上的部位都是股票，股票基金 80% 以上的部位是股票，偏股混合基金一般 50% ～ 70% 的部位是股票。

分類特徵

　　按照運作方式的不同，基金可分為被動型基金和主動型基金。主動型基金是由專業的基金經理人管理，集資後主動選擇投資標的，決定進場與出場的時機，要求投資報酬率必需優於整體市場。目前市場上大多數的共同基金（Mutual Fund）多屬於主動型基金。

　　而相較於主動選擇投資標的，以打敗整體市場為目標，被動型基金的投資目標，則是以達到與整體市場（如加權指數或 S&P 500 指數）相同的投資績效為主。常見的商品有指數型基金（Index Fund）、指數股票型基金（ETF）。其操作方式是先選定某個市場指數，透過追蹤該指數的組成成分，調整持有標的，使基金走勢能夠貼近該指數的走勢，進而達到相同的投資績效。

　　這兩種基金剛好反映不同投資理念的投資者身上，認為再專業也跑不贏市場的人，一般會選擇被動型基金；反觀認為專業可以打敗市場者，則多半會選擇主動型基金。

指數基金

指數基金（Index Fund）或稱指數型基金，其主要形式就是被動地管理共同基金，有時又被用來指代替所有的被動管理的共同基金。但廣義上說，ETF（交易所交易基金）若追蹤特定指數也屬於指數基金。

指數型基金（Index Fund）基本上不在投資時做出任何主觀判斷，也不靠基金經理人來選股，完全是以追蹤某個指數並跟隨該指數漲跌而來的投資產品，所以無論是獲利還是虧損，都要與整個大盤同甘共苦。指數型基金通常被認為是一種相對穩健的投資方式，因為它們是追蹤市場的整體表現，而非將資金集中在單一個股或債券上。此外，由於管理費用較低，也能為投資者帶來更高的投資回報。

投資指數基金有以下三大優勢。

1.指數基金永續輪迴，實現優勝劣汰。一家企業經營出現問題或者行業發展出現問題非常正常，回首歷史，成為百年企業的都屈指可數。所以指數想要長期存續就必須優勝劣汰，以美國為例，一百年前市值靠前的公司都是能源相關的企業，如今都變成互聯網企業，這是時代的選擇。我們沒有能力去改變行業，只能選擇具有內生更替能力的指數基金進行投資。

2.指數基金與經濟強相關[3]，長期上漲。一般來說，指數基金的壽命與其所在國家和交易所的壽命相近，只要交易

不停止，指數基金就會存在。所以「買指數基金就是買國運」，一國經濟長期向上，其對應的市場指數也會長期上漲。

3. 費率低廉，交易成本低。不同的基金，費用自然不同。大多數基金銷售平台會對申購費用進行打折。而對於贖回費，不同的基金也會有些差別，同時持有的時間也有可能影響贖回費。一般來說，持有時間越長贖回費越低，大多數基金持有兩年以上就沒有贖回費了。

此外，指數基金不需要基金經理人主動管理、篩選股票，所以管理費都比較低。我們在投資基金的過程中一定要重視各種費率帶來的成本，長期下來才能讓複利更多地增值。

主動型基金

主動型基金（Active Fund）由基金經理人在基金招募說明書及相關監管條例的框架下，主動且積極進行交易、調整持股部位，以達成打敗大盤指數或該檔基金的標竿（Benchmarks）為目標。基金績效表現和基金經理人的能力，關係密切。通常優秀的基金經理人可以長期跑贏市場平均水準，而能力較弱者，往往會落後於市場。

主動型基金的經理人背後，通常會有研究團隊或分析師提供協助，根據分析團隊的研究報告，基金經理人會在不違反基金投資策略的前提下，隨時調整投資標的。

主動型基金的投資核心只有一條：選擇好的基金經理人。該基金的歷史業績、最大虧損、夏普比率等資料都是對

過往資料的驗證，一旦更換基金經理人，這些資料就很難再作爲參考依據。而選擇基金經理人，主要需看他的投資理念與操作是否自律？例如看好成長類的企業，是否眞的買了成長風格的股票；看好未來半年行情，是否眞的進行部位加持等……，這些都可以透過公開展示、網路資訊、基金定期報告等獲取，在此且容我們在後面章節詳細說明。

指數型基金的分類和特徵

我們已經知道指數基金具有輪迴永續、優勝劣汰的優勢，但投資指數基金到底能不能賺錢？事實上，指數有很多種類，對應的指數基金也有很多，多年不漲的往往只是個案，並非市場主流的投資標的。

我們常聽到的指數基金多半都是「國貨」，也就是投資於本國股市的指數基金。臺灣 50 指數（0050）、元大高股息（0056）等都屬於指數型基金。但透過指數基金我們不僅可以投資境內市場，還可以輕鬆投資全球市場。例如透過恒生指數（Hang Seng Index，HSI，簡稱恒指）基金投資港股，透過標準普爾 500 指數（Standard & Poor's 500）、納斯達克 100 指數（NASDAQ 100 Index）基金投資美股，透過德國 DAX 指數（the German DAX）基金投資德股等，這些基金按投資地域劃分就屬於境外指數基金了。

隨著指數基金不斷發展，相信未來也將有更多境外指數基金誕生，這將大大方便我們透過指數基金配置全球資產，更好地分散投資風險。

指數型基金的分類

指數基金都有哪些？分類標準很多，下面簡單介紹其常見的分類。

依法規架構可分為三大類型，包括

1. 證券投資信託 ETF（證信託 ETF）

2. 期貨信託 ETF（期貨 ETF）

3. 跨境上市 ETF（境外 ETF）。

「證券投資信託 ETF」係指國內證券投資信託事業，依據證券投資信託基金管理辦法，募集發行及上市交易之 ETF。又可再分為「國內成分證券 ETF」與「國外成分證券 ETF」。「國內成分證券 ETF」是紙該基金的標的指數成分證券，全部皆為國內證券。「國外成分證券 ETF」則是包含一種以上的國外證券。

這部分可再細分為由國內投信公司將國外 ETF 包裝後再進來台灣上市交易的「連結式 ETF」，以及每日追蹤、模擬或複製標的指數報酬正向倍數的「槓桿型及反向型 ETF」。

至於「境外 ETF」是透過境外基金機構委託國內總代理人，將國外 ETF 直接跨境來台交易。

最後則是國內期貨信託事業，依據期貨信託基金管理辦法在台募集發行及上市交易，這是「期貨 ETF」，可再細分為以投資期貨契約方式，追蹤期貨指數報酬的「原型期貨 ETF」，與以投資期貨契約方式，每日追蹤、模擬或複製標的期貨指數報酬正向倍數的「槓桿型及反向型期貨 ETF」。

總結來說，我們選擇指數基金，首先應該想明白是要投資境內市場還是境外市場，以及投資哪一類別的資產，再到對應的指數基金分類裡進一步篩選。

如何篩選指數

我們在構建自己的指數基金投資組合時主要從三大面向去考慮和篩選。

1.配置不同的投資地域。為了分散投資風險，我們應該進行全球指數基金配置，當然境外基金的配置比例可以減少，但是不能不配置。例如中國香港的恒生指數、恒生科技指數、恒生指數，美國的納斯達克指數和標準普爾 500 指數，德國的 DAX 指數等。

全球市場並不同步，各地貨幣政策也有很大不同，所以配置全球指數主要是為了降低整體持有部位的波動率。

2.配置不同的投資風格。我們可以把投資風格簡單分為超大盤風格、大盤風格、中盤風格和小盤風格。市場總是在不同風格之間切換和輪動。我們在投資中很難預判未來市場的風格偏向於哪一方，所以進行均衡配置是非常有必要的。

有錢人換你做

只要長期來看整體市場是不斷向上的，那麼投資指數基金賺錢的機率也會大幅增加。

3.行業指數出奇制勝。對行業指數的投資較寬基指數的投資更困難，回報也更高，並不是所有人都一定要配置。但是如果你對於某一行業比較熟悉，也可以選擇一些未來的朝陽行業進行一定比例的配置。這樣可以達到提升組合收益的作用，當然如果判斷不好，也會有反作用，所以在比例上一定要做好控制。

考慮了以上三大面向，你就可以構建一個簡單的指數基金投資組合了，下一步就來看看主動型基金如何篩選。

精選主動型基金經理人

這部分將為大家講解如何精選主動型基金經理人。

有人懷著一夜暴富的夢想進入股市，也有人抱著跑贏通貨膨脹的心態投資，究竟投資股市能給我們帶來怎樣的收益？公募基金經理人是這個市場上的專業玩家，不妨再看看本章開頭的（見圖 2-4），這是公募基金經理人交出的成績單，據此我們自己可以有個合理預期。

基金經理人

透過（圖 2-4）統計了 497 位基金經理人的個人業績表現。其中投資時間在一～五年、五～十年和十年以上的分別

有 272 人、187 人和 38 人。

從平均收益來看，管理時間為一～五年的基金經理人的年化報酬率平均超過 20%，而管理時間在十年以上的基金經理人，年化報酬率平均僅有 11%。

但這並不意味著管理時間短的基金經理人的投資能力更高，主要是受股市週期和投資風格的影響。例如一位基金經理人從 2019 年開始管理基金，由於這段時間股市整體處於上漲週期，因此業績亮眼；或是一位基金經理人主要投資於醫藥、消費、科技行業，受益於近兩年這些行業的優異表現，也會使業績格外好看。

股市終究有漲有跌，各個行業或投資風格表現也常有輪動，短期的業績還難以說明基金經理人的能力，我們不妨把目光放在管理時間在五年以上的基金經理人身上。這些基金經理人的業績分佈較為集中，管理時間在五～十年和十年以上的基金經理人年化報酬率大多集中在 5% ～ 20%，佔比分別為 75% 和 89%。

當目光再進一步聚焦到十年以上的老將身上，會發現年化報酬率集中在 5% ～ 15%，並且沒有一個人的年化報酬率能夠超過 25%。

基金篩選

在對報酬率有了一定認識後，我們就來學習如何挑選主動型基金。在閱讀前需要特別提醒，本文所提及基金僅作為

有錢人換你做

參考案例，不作為投資的推薦建議。

我們從定量和定性兩個面向來對基金進行篩選。先從基金規模、最大虧損、夏普比率（Sharpe ratio，或稱夏普指數 Sharpe index）、波動率等指標對基金進行定量分析，再從基金經理人背景、基金報告等資訊對基金進行定性分析。

1.定量分析。分析常用指標如下。

基金規模：基金規模是指基金淨資產規模，反映的是這檔基金的「大小」。過大的基金規模會在一定程度上限制基金經理人的投資策略運作，而過小的基金規模也可能會面臨清盤等潛在風險，只是不同的基金經理人策略容量不同，還要具體問題具體分析。

最大虧損：最大虧損反映的是一檔基金在市場極端情況下的最壞表現，能讓我們判斷這檔基金的虧損幅度是否在我們的承受範圍內。觀察這個指標時還需要綜合考慮基金經理人變更或市場整體下跌的情況。

夏普比率：夏普比率是基金績效評價的標準化指標，簡單理解就是這檔基金過往的收益與風險的性價比。

根據過往的基金業績表現，計算出每獲取一份收益所要承擔的風險，或者說每承擔一份風險所能獲得的收益。同類基金比較下，夏普比率的數值越高意味收益與風險的性價比也越高。

波動率：波動率是金融資產價格的波動程度，是對資產

報酬率不確定性的衡量，用於反映金融資產的風險水準。波動率越高的基金，在過往表現裡的漲跌幅度就越大，波動可以產生虧損也可以產生收益，高波動率是一把雙面刃，跌幅較大，漲幅也較大，這十分考驗投資者對投資時機的把握。

收益走勢：收益走勢是基金整體運作的結果，與我們的投資收益預期密切相關。一般來說，基金的收益走勢會與0056 或 0050 這樣的大盤指數對比，也會與同類基金的業績表現對比，用來判斷這檔基金相對於大盤平均和同類平均的超額收益能力。

業績表現：業績表現展示的是基金在不同區間業績表現的情況，在挑選基金的過程中，應該綜合考量該基金在不同區間的表現情況，有些基金操作失當，長期重押某一板塊，如果踩中市場風口，業績就會暴漲，反之，表現就會比較差。同時，有一些基金經理人能力出眾，長期、中期、短期的業績都在中等偏上水準，那麼勝率就會比較高。建議在查看業績表現的時候主要看同類排名，篩選近五年、近三年、近一年以及近六個月的排名都在良好或優秀的基金。

資產配置：資產配置反映的是這檔基金在股票、債券、現金或其他資產上的整體配置情況，這主要是方便我們判斷該基金的類別和調整持股部位等情況。

2. 定性分析。

我們往往會從基金經理人本身的背景入手，查看他們的

有錢人換你做

學經歷背景，執業時間有多長，過往管理基金的績效又是如何等。一般來說，執業時間最好在三年以上，這樣才能降低業績好壞只是受到市場偶然因素影響的可能性。而年化報酬率相對於同期大盤的超額報酬率，則應與我們預期的投資報酬率相匹配。以上就是基本的基金定量與定性分析。掌握了這些知識，並不代表馬上就能精選出優質的主動型基金經理人，由於市場一直在變化中，過往的表現並不能作為對未來的業績保證，還需要我們透過持續的跟蹤才能做出判斷。

精選主動型基金的困難點

在筆者看來，面對市場順風和逆風都敢於堅持自己的投資理念，保持風格不偏不移的基金經理人，才是我們心中最合適的人選。因為打不過大盤就乾脆加入它，這其實是最簡單的作法，何樂而不為。

無論投資還是人生，我們總會遇到很多困難和疑惑，支撐我們不斷克服種種困局的力量，正是對內心價值觀的長期堅守和知行合一。而作為投資者要解決的關鍵問題，是當遇到市場逆風低谷時，要用何種方式與自己選擇的基金經理人／組合主理人一同面對，勇敢向前行。

投資就是這麼一件奇妙的事情，看似和金錢有關，實際卻指向金錢背後的價值觀、投資觀。很多對主動型基金經理人的精選方法，存在著把歸納法當作演繹法來用的邏輯謬誤，例如過往基金業績、名校學歷、從業背景、多年經驗等，

都屬於從後視鏡往回看待歷史的歸納法。有好業績的結果支撐，怎麼分析原因都是對的。但主動型基金經理人投資的成敗，講究的是基於現在因素對未來進行預判的演繹法。

我們要做的是分析當下因素，找到未來那個有好業績的基金。畢竟現在的好業績不等於未來的好業績，也就是「過往業績表現，不代表未來收益的承諾」。

畢竟若時間倒退十年，你能選中未來的明星基金經理人嗎？那時的他們年少氣盛，並無這麼亮眼的業績傍身，也沒有這麼資深的經驗來加持，更無高人氣來撐場面，那麼，你為什麼又選中他們？

拋開歷史業績，其實真沒有幾個一般投資人能解釋自己是如何挑選經理人的。那有沒有簡單一點、適合基金投資新手的方式呢？當然有，筆者將在後面章節逐一說明。

長期投資的正確技法

利用定投，提升投資勝率

長期投資雖然可以透過時間來應對市場的短期波動，但如果買點不好，買在市場高點，就會對持有體驗和報酬率產生較大影響。因此，選擇投資時機是一個大哉問。對於大多數一般投資人而言，定投是獲取市場平均報酬率的最簡單、

實用的方式之一。接下來，我們講解定投時常見的問題和方法，希望能幫大家快速掌握訣竅。

　　基金定投是指在固定時間，透過固定金額投資到指定的開放式基金中，優點是可以平攤成本、分散風險，如此簡單易行的方式，十分適合新手。定投作為一種容易操作的投資方式，近來備受推崇，不過定投並非投資基金的萬能法寶，想要透過基金定投賺到錢，還需掌握一些基本的使用指南。接下來就教大家如何定投。

定投何時開始最好？

　　從一個牛熊週期的資料來看，任何時點開啟定投，只要能長期堅持，最終都能獲利。不過，不同定投起點對最終收益還是有一定影響，在熊市開始的最終收益要好於在牛市開始（見圖 2-11）和（表 2-6）。

表 2-6 不同起點開始定投的收益

	持有時間 （年）	累計報酬率 （%）	年化報酬率 （%）
牛市來了開啟	8.75	61.3	10.71
牛市頂點開啟	7.00	72.4	15.42
熊市來了開啟	5.25	91.5	25.21
熊市底部開啟	3.50	74.0	33.77

資料來源：且慢投研

圖 2-11 不同起點開始定投的成本曲線

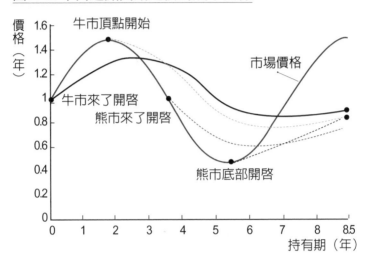

備註：市場價格類比曲線以七年為一個牛熊週期，波動區間為 0.5 ～ 1.5。
定投方式為每月定投。
資料來源：且慢投研

哪種基金最適合定投？如何調整定投頻率？

定投分批買入的特點，天然有降低波動的作用，如果是長期資金定投，在可承受的範圍內，選擇波動較高的基金更能發揮出定投低位元積累資產，高位集中爆發的功效（見圖2-12）。

長期看，無論是周定投、雙周定投或是月定投，平均報酬率和盈利機率幾乎都沒有任何差異，選擇自己舒服的方式就可以了（見表2-7）。

圖 2-12 不同波動基金淨值趨勢

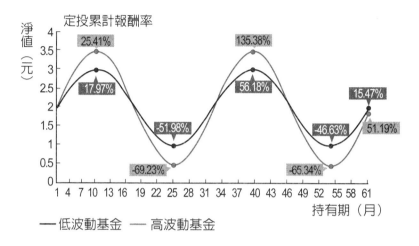

備註：回測方法是用不同振幅的正弦曲線模擬不同波動的基金淨值走勢，假定每期為一個月，定投 60 期（5 年），持有至第 61 個月。
資料來源：且慢投研

表 2-7 不同頻率定投的收益情況

	一周定投	雙周定投	月定投
獲利機率（%）	64.39	64.30	64.60
平均報酬率（%）	14.70	14.80	15.00

備註：回測方法為 2005.01.01 ～ 2019.09.30 任意時間定投滬深 300 指數滿五年。
資料來源：且慢投研

定投時最重要的事……

我們已經知道，由於定投是分批投入，因此本身就具有攤平成本、讓波動曲線趨於平滑的功效，至於何時開始買進、以什麼頻率買進等問題，在定投中似乎都不是太重要。那麼，對於定投，什麼才是最重要的呢？其實，定投只不過是一種買進方式，想要做好定投，也應該遵循投資的基本原則，總結一句話就是使用合適的資金，以好價格買進好資產，並且長期持有。

1.合適的資金。基於定投的小額、長期、分批買入等特點，每月的現金流（如每月的薪資結餘）更適合用來做定投，而如果已有一筆存量資金，則因定投的資金使用效率較低，並不合適。

2.好資產。如果選擇的資產長期下跌，那即便使用定投的方式買入，通常也於事無補，能夠選擇長期價格向上的好資產，才是定投成敗的關鍵。當然，對於定投來說，好資產還被賦予另一層含義，那就是高波動。例如股票型基金之類的高波動績優資產，通常更能夠妥善發揮定投的功效。

3.好價格。儘管擇時對投資結果影響不大，但並不意味著要無視價格，因為無論以什麼方式買進，價格過高始終都很難帶來好的收益。在定投時，長期高價拋出低價吸納是合理且易行的，但評判高低不能只是盯著價格本身，更該考慮估值水準。

所以，理想的定投方式應該是根據估值水準來選擇更優質，風險性價比低的資產。

‧在權益資產估值合理時正常定投，在極低估時加額定投（有餘錢的情況下）。

‧在權益資產高估時開始定投債券類，在極高估時賣出存量權益資產，將其換為債券類。

4.長期持有。長期持有和定投，兩者是天生的好朋友，在時間的加持下，定投得以積累優質資產，聚沙成塔，積少成多；在定投的幫助下，長期投資也就無須殫精竭慮，往往更容易堅持。

除去市場估值極高的時間段，「現在」就是開始定投的好時機，特別是對於手頭積蓄不多的年輕朋友，越早開始，越能享受到長期投資帶來的複利魔法。我們再來看一個具體的例子感受定投的魅力。（圖 2-13）代表的是一個較為理想的定投帳戶，圓點代表的是每月定投金額的投入，曲線代表的則是帳戶總資產曲線走勢。這個定投計畫開始於 2018 年的熊市，在股市持續下跌的過程裡不斷定投，以低廉的成本累積籌碼，而帳戶總資產在隨後的股市回暖裡不斷創新高。這也能看出定投的另一個好處，可以儘早地、持續地累積資產。

如果三年前沒有開啟定投，每月的定投金額（如 1,000元）可能也就吃吃喝喝花掉了，但透過定投，現在就擁有了一筆不小的積蓄，打造屬於自己的第一桶金。如果你還年

圖 2-13 理想定投帳戶

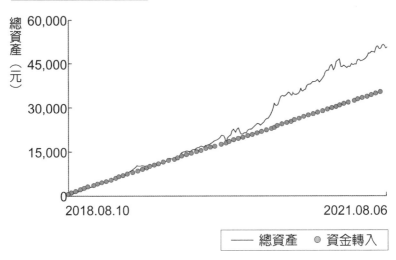

資料來源、製表：且慢基金投資研究所

輕，每月有結餘，那定投的確是很不錯的選擇，越早開始，
複利時間越長，最終的收穫也就越大。

利用估值和市場溫度，增加獲利

　　上面我們已瞭解定投這個簡單的投資方法，下面再給大
家講解兩種可以提升指數投資收益的方法。

利用估值，提高賺錢機率

　　大道至簡，投資的核心就是用更便宜的價格買到更好的
資產，如何衡量市場是便宜還是貴呢？

1.估值指標。

估值是最簡單的衡量方法。估值最早應用於股票投資，通常以本益比（P／E）和股價淨值比（P／B）爲主要參考指標。P／E是每股價格除以每股收益，主要衡量企業的盈利水準。可以簡單理解爲 n 倍的 P／E，代表以目前企業的賺錢能力（每年淨利）要 n 年才可以賺回購買企業所用的錢。在不考慮其他因素的條件下，P／E 數值越低表示能夠越快賺回資金，越值得投資。

舉個例子，假設開一家手搖飲店，手搖飲店每年的淨利潤是 10 萬元，市場普遍認爲手搖飲店的 P／E 爲 15 倍是合理的，那麼手搖飲店的估值＝年度淨利潤 × 合理的 P／E ＝ 10 萬元 ×15 ＝ 150 萬元。因此，當買家以低於估算的價值 150 萬元（即低於 15 倍的 P／E）來買手搖飲店，老闆通常是不會把手搖飲店賣掉的；而如果老闆以低於 15 倍的 P／E 出售手搖飲店，那麼買家則會選擇買。

P／B 是每股價格 ÷ 每股淨資產，這是投資者願意爲公司淨資產付出的成本，一般重資產企業和成熟型企業使用 P／B 進行估值。

還是以手搖飲店爲例，手搖飲店裡所有機器設備、座椅等淨資產總值爲 100 萬元，市場普遍認爲手搖飲店 P／B 爲 1.6 倍是合理的，那麼手搖飲店的估值＝淨資產 × 合理的 P／B ＝ 100 萬元 ×1.6 ＝ 160 萬元。

以此方法估算出來的手搖飲店價值為 160 萬元，當買家出價高於 160 萬元（即高於 1.6 倍的 P／B），那麼老闆便會覺得比較合適。

通常，無論是 P／E 還是 P／B，在相同條件下，都是越低的投資價值越高。

這裡要注意的是，P／E 和 P／B 的數值和指數，未來漲跌是沒有必然聯繫的，因此我們在實際應用中，這兩個數值僅能為我們提供參考，並不能直接作為投資決策。P／E 低可能是因為企業成長性差，盲目買入會落入低估值陷阱；P／B 低可能是公司資產虛高而造成的資料假像。我們在使用這兩個估值指標的時候，只需要看估值的相對位置，不用追求絕對估值。

2. 如何判斷估值。

投資大師班傑明‧葛拉漢（Benjamin Graham）認為，一檔股票的 P／E 在 10 倍以下才有投資價值，P／E 超過 20 倍則有被高估的嫌疑。

如果過度關注 P／E 的絕對值也會錯過很多科技股和成長股。所以我們在實操中可以將 P／E 數值和它的百分位相結合，用來衡量投資標的是否便宜。以中證 500 指數為例，2022 年 8 月 9 日，中證 500 指數的 P／E 為 28.17 倍，百分位處於 29.28% 的位置，也就是說該指數目前的 P／E 絕對值只比歷史上 29.28% 的時間高。通常來說，百分位在 30%

以下屬於低估，30% ～ 80% 屬於正常，80% 以上屬於高估。雖然不可能一定買在最低點，賣在最高點，但是它給我們在投資指數基金的時候增加了一個衡量標準。

利用市場溫度計，提高賺錢機率

利用估值指標來提高賺錢機率只是基礎方法，在投資實踐中，還會出現很多問題。因為投資與資產的定價密不可分，既然是定價就離不開與無風險報酬率的對比，而估值指標只是歷史資料並非動態資料。筆者在 P ／ E、P ／ B 的基礎上，增加風險溢價指標，並賦予這三個指標相應權重，加權計算得出市場溫度。

市場溫度值理論區間為 0 ～ 100℃。市場溫度越低，代表目前被低估；市場溫度越高，代表目前被高估。根據歷史溫度資料，30℃以下可以定義為低估，70℃以上為高估，30 ～ 70℃為合理。

1. 不同溫度下買進的賺錢機率。

為了驗證透過溫度計投資是否更加有效，筆者做了資料回測，以不同股債比例的組合在不同市場溫度買入，查看最終的賺錢機率。資料選取的是 2010.04.09 ～ 2021.01.07，一共十一年的時間面向（見圖 2-14）。

在低估（溫度 <30℃）的時候，無論是哪一種比例的組合，賺錢機率都是最高的。其中，20：80 組合的賺錢機率最

高，爲 92.36％；50：50 組合的賺錢機率次之，爲 79.60％；80：20 組合的賺錢機率再次，爲 74.93％；100% 滬深 300 指數的賺錢機率最低，爲 72.24％。

在合理（30℃ < 溫度 <70℃）的時候，賺錢機率都略有降低。20：80 組合的賺錢機率爲 90.92％；50：50 組合的賺錢機率爲 62.32％；80：20 組合的賺錢機率爲 52.84％；100% 滬深 300 指數的賺錢機率爲 49.37％。

在高估（溫度 >70℃）的時候，不同比例的組合，賺錢

圖 2-14 不同溫度下，各比例組合的賺錢機率

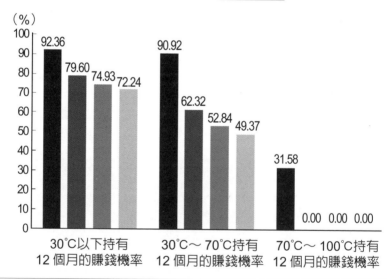

備註：20：80 組合代表 20% 股 +80% 債，依此類推。
資料來源：萬得資訊、且慢投研

機率均顯著降低。20：80 組合的賺錢機率為 31.58%；50：
50 組合、80：20 組合、100% 滬深 300 指數的賺錢機率都已
降為 0。

2. 不同溫度下買進的平均收益。

為了探究這個問題，我們依舊用過去十一年的資料進行
測算，在不同溫度下買入，分別持有 12 個月，平均收益會
有多少（見圖 2-15）。

在低估（溫度 <30℃）的時候，買入 100% 滬深 300 指
數最賺錢，平均報酬率為 17.12%；80：20 組合次之，平均
報酬率為 13.29%；50：50 組合再次，平均報酬率為 8.96%；
20：80 組合最低，平均報酬率為 5.71%。

在合理（30℃ < 溫度 <70℃）的時候，情況發生了反轉。
持有 20：80 組合最賺錢，平均報酬率為 3.9%；50：50 組合
次之，平均報酬率為 3.22%；100% 滬深 300 指數再次，平
均報酬率為 2.95%；80：20 組合最低，平均報酬率為 2.88%。

在高估（溫度 >70℃）的時候，各類型組合平均報酬
率均變為負值。但是，20：80 組合最抗跌，平均報酬率
為 -1.56%；50：50 組合次之，平均報酬率為 -13.19%；80：
20 組合再次，平均報酬率為 -24.06%；100% 滬深 300 指數
最差，平均報酬率為 -30.94%。

上一組資料告訴了我們，在不同市場溫度下入場，賺錢
機率有多高。這組資料告訴了我們，在不同市場溫度下入

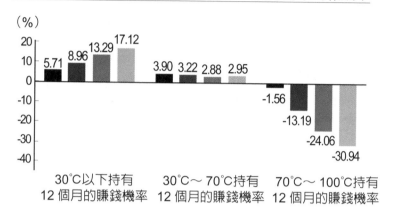

圖 2-15 不同溫度下，買進並持有十二個月的平均報酬率

（%）

資料來源：萬得資訊、目慢投研

場，平均報酬率可能有多少。這就是溫度計對我們投資的指
導作用，告訴我們何時加減倉，何時賺錢機率更高。同時，
也能讓我們在買入之後，有一個合理的預期。

當然，投資還要向前看，對市場溫度的定義，隨著市場
的變化，我們也需要不斷地完善與更新。溫度計是我們投資
參考的指標之一，但不是唯一。

3. 如何透過市場溫度計，進行指數定投。

這裡介紹如何用溫度計對滬深 300 和中證 500 兩個最常
見的指數做定投。

首先介紹滬深 300 指數的溫度計定投方法。

第一步，溫度設置。將滬深300指數溫度分為30℃以下、30～40℃、40～50℃、50～60℃、60～70℃、70℃以上六個區間。

第二步，進行買入金額設置。在30℃以下買入1 000元，30～40℃買入600元，40～50℃買入360元，50～60℃買入216元，60～70℃買入130元，70℃以上不買（溫度每提高10℃，定投金額減少40%）。

第三步，定投日期設置。設置為每週一（歷史回溯發現，無論周幾定投，結果差異微乎其微）。

第四步，賣出機制設置。在滬深300指數溫度大於70℃，市場情緒過熱，或者有其他理由時可將滬深300指數基金調倉為偏債型基金或者貨幣基金。等待市場進入定投區間時，按照第一步，再將偏債型基金或貨幣基金轉換成滬深300指數基金。

筆者對比了2018.01.08～2021.02.09這段時間的市場溫度，剛好是從合理到低估，再到高估的一個區間段）固定時間固定金額的傳統定投方式與溫度計定投方式的表現。結果顯示，在統計區間內，滬深300指數漲幅為36.68%，傳統定投方式的報酬率為46.14%，溫度計定投方式的報酬率為54.16%（見圖2-16）。

從統計資料中可以發現，當市場經歷從合理到低估，再到高估的過程時，定投收益往往都比一次性買入要好。同

圖 2-16 傳統定投方式 VS. 溫度計定投方式（滬深 300 指數）

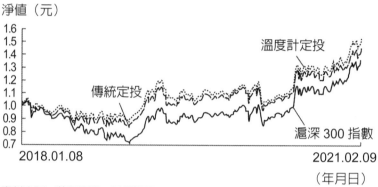

資料來源：萬得資訊、且慢投研

時，使用溫度計定投的收益，也在大多數時候比傳統定投收益更好。

然後介紹中證 500 指數的溫度計定投方法。

第一步，溫度設置。將中證 500 指數溫度分為 10℃以下、10 ～ 25℃、25 ～ 40℃、40 ～ 55℃、55 ～ 70℃、70℃以上 6 個區間。

第二步，進行買入金額設置。在 10℃以下買入 1 000 元，10 ～ 25℃買入 600 元，25 ～ 40℃買入 360 元，40 ～ 55℃買入 216 元，55 ～ 70℃買入 130 元，70℃以上不買（溫度每提高 15℃，定投金額減少 40%）。

第三步，定投日期設置。設置為每週一（歷史回溯發現，無論周幾定投，結果差異微乎其微）。

第四步，賣出機制設置。在中證 500 指數溫度大於 70℃，市場情緒過熱，或者有其他理由時可將中證 500 指數基金調倉為偏債型基金或者貨幣基金。等待市場進入定投區間時，按照第一步，再將偏債型基金或貨幣基金轉換成中證 500 指數基金。

筆者對比了 2018.01.01 ～ 2022.06.24 這段時間，傳統定投方式與溫度計定投方式的表現。結果顯示，在統計區間內，中證 500 指數漲幅 -1.27%，傳統定投方式報酬率為 11.87%，溫度計定投方式報酬率為 15.42%（見圖 2-17）。

從統計資料中可以發現，定投收益大部分時候都比一次性買入要好，同時，使用溫度計定投的收益也在大部分時候

圖 2-17 傳統定投方式 VS. 溫度計定投方式（中證 500 指數）

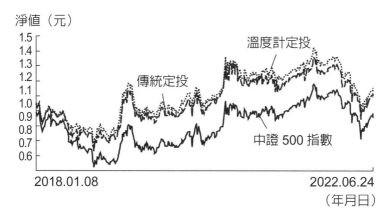

資料來源：萬得資訊、且慢投研

都比傳統定投收益更好。

　　以上方法僅供參考，大家可以根據自己實際情況進行設置。理論上，在指數溫度越低的時候買得越多，在越高的時候買得越少，定投的報酬率就越高。也就是說溫度每提高一個區間，定投金額減少的比例越大，定投的報酬率就越高。但若減少比例過大，則實際定投的金額就會減少，真實的報酬率就會降低。所以，溫度每提高一個區間，到底減少多少定投金額比例，既要考慮整體的報酬率，也要考慮到手的真實報酬率。筆者對不同比例減少的定投金額進行回測後發現，溫度每提高一個區間，定投金額減少40%，性價比較高。

　　當然，溫度計也不是萬能鑰匙，指數溫度降低，不代表指數價格不會繼續下跌。反過來，指數溫度升高，也不代表指數價格就一定會反轉下跌。指數溫度降低之後，還可能會更低；升高之後，還可能會更高。換句話說，根據上述的溫度計定投方式，不能保證在溫度低時買入後指數不繼續下跌，也不能保證在溫度高時，調倉成偏債型基金或貨幣基金後指數一定下跌，調倉後指數仍可能繼續上漲。

認識投資風險

　　我們在投資中經常會說到風險和收益，但實際上，多數人只注重收益卻忽略風險。我們在投資任何金融商品前都會

被要求做風險測評，根據風險測評的結果，則會有相對應的投資品種的限制。

很多人為了能獲得購買高收益產品的資格，在測評時選擇了與自己情況不相符的選項，這種逆向操作的結果就是買進風險過高的產品，最終承受不住虧損，黯然離場。

做風險測評的原因就是讓投資者在對風險尚無足夠認識的情況下，買下一些適合他的產品，卻不至於出現過大的虧損。充分認識風險這件事是投資時非常重要的一環，以下內容就是要為大家細細講述何謂風險。

「風險」是一個很模糊的名詞，概念也很難被定義，畢竟每個人對風險都有自己的認知。但整體來說，可以分為以下兩大類。

本金永久損失的風險

從我們拿到錢的那一刻，風險就伴隨而來。把錢藏到床底下，有丟失和被老鼠啃食的風險；把錢存到銀行有貶值風險；把錢買成基金，有虧本風險；把錢買成債券，有違約風險……。這其中有一些風險是可逆的，例如我們買基金，可能在某一段時間內會持續虧損，但如果市場轉好，也有獲利回本的可能性。

無法挽回的風險

如果我們買入了爆雷的債券，企業沒錢還款，那麼這筆錢就是永久損失了。接連爆雷的 P2P 產品也帶來了不可挽回的風險。大量打著高收益低風險旗號的 P2P 產品，最終導致投資者血本無歸。也就是我們承受了本金永久損失的風險來獲取那 10% 的收益，顯然是不划算的。所以我們在投資中一定要分清風險類型，可逆風險是可承受風險，而不可挽回風險是要儘量規避的。

另一類是預期收益不能實現的風險。《漫步華爾街：超越股市漲跌的成功投資策略》（A Random Walk Down Wall Street：The Time-Tested Strategy for Successful Investing）一書中對於風險有一個定義：預期的證券收益不能實現的可能性。這個定義延展到基金領域乃至投資領域也是一樣的。所有投資的預期收益不能實現的可能性，也是風險的一部分。簡單來說，投資目的無非是希望在承受一定風險的條件下，獲取預期收益。例如股票風險高，預期獲得的收益也高；貨幣基金風險低，預期獲得的收益也低。如果你承受了很高的風險但最終只獲得很低的收益甚至是虧損，那麼這就是你的投資風險。

筆者對投資者做過一次聚類分析（Cluster Analysis）[4]，結果共分為四組（見圖 2-18）。

圖 2-18 風險與收益的聚類分析

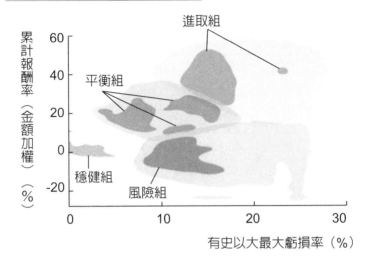

資料來源、製表：作者

　1.穩健組：收益和風險均集中在0～5%，表現相對穩健。

　2.平衡組：收益集中在8%～35%，風險集中在5%～15%，表現較顯平衡。

　3.進取組：收益集中在20%～55%，風險集中在10%～20%，在承受較大風險時，亦獲得較高收益。

　4.風險組：收益集中在-15%～10%，風險集中在8%～20%，雖承受較高的風險，但並未獲得相對應有的獲利。

　最終統計下來，依舊有20%的投資者被分配到風險組（見圖2-19），也就是說，他們承擔了很大的風險，卻未獲得相對應有的收益。

圖 2-19 投資者分組

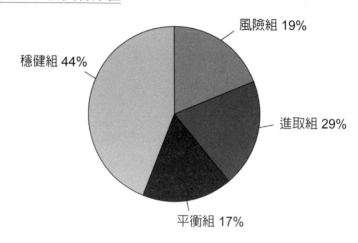

資料來源、製表：且慢基金投資研究所

　　其實上述結果的背後原因很多，例如不良的操作習慣、
投資認知不夠、聽信小道消息等，但不論是什麼原因，這都
導致了預期收益不能實現這個風險的出現。

　　需要注意的是，波動不是風險。巴菲特曾說：「波動對
於真正的投資者而言是巨大的優勢，而不是風險。」因為在
市場劇烈波動時，往往會出現資產定價錯誤的情況，這時買
進將會獲得極大的回報。

　　波動是一把雙面刃，對於善於把握機會的投資者，波動
是提升超額收益的重要來源；但是對於不成熟的投資者，波
動是讓資產跌入深淵的推進器。

　　回顧市場往往可以發現，每逢大跌後出現的買進機會，
都會讓投資者獲得豐厚的回報。

有錢人換你做

因此，波動並不是風險，請試著利用波動，擁抱波動，讓波動成爲我們投資時的利器。

金融產品的風險

上面我們對風險本身做了闡述，具體到金融產品則各有不同。

股票

股票的風險主要來自企業經營的風險，而非股價漲跌的風險。因爲股票代表的是企業的部分所有權，投資者買入一家公司的股票，成爲該公司的股東，利益共用，風險共擔。如果這家公司表現好，經營佳，只要你買的股價不是特別貴，那麼這筆投資肯定會有不錯的回報。

所以，我們買股票時主要考慮的是企業經營風險，但這裡面是非常複雜的。例如公司經營過於激進，導致現金流斷裂；管理層中飽私囊，透過資本運作掏空上市公司；公司不思進取，被時代淘汰；管理層決策失誤，公司方向迅速偏離航道等，上述這些風險有的是行業本身特性，而有的則是企業自己所導致。

對於股票投資，除了企業自身的經營風險，還有投資者的交易風險，再好的公司買入價格過高，也會降低投資回報，甚至出現虧損。

債券

債券的風險主要來自違約。和股票不同，債券投資者和發行人是債務債權關係，股票投資者買的是企業所有權。

債券在發行時會約定到期收益，相對波動較小，例如我們購買的國債、公司債、債券基金等。一旦債權主體經營不善，出現資金不夠抵償債務的情況時，投資者的本金就可能會出現永久虧損的情況。

貨幣

貨幣風險主要有兩個，一個是通貨膨脹帶來的貶值，另一個是匯率反向變動帶來的損失。這兩個比較好理解，在此我就不多做贅述了。

遠離槓桿

很多人都想透過加槓桿實現致富神話，股神巴菲特實際上也是用上了槓桿才有年化 20% 的報酬率。對一般投資人來說，還是要遠離槓桿。究其原因，主要有以下幾點。

一般投資人很難獲取優質槓桿

借別人的錢來加槓桿肯定是有成本的，這筆槓桿資金的投資報酬率不僅要跑贏通貨膨脹、跑贏銀行利率，還要長期穩定跑贏借錢的成本。例如，你借了一筆錢，年化利率是10%，那相當於你的投資報酬率要超過 10% 才能獲利，否則

算上利息，實際上是虧損的。

巴菲特加槓桿，用的是近乎 0 成本、無限期的保險浮存金。而一般投資人在金融投資上，很難找到期限又長，成本又低的槓桿。例如，國內券商的兩融業務，普遍利率高於 6%，而且有盯市制度，股票越跌會讓槓桿風險越大。

投資加上槓桿，無疑是將難度提升了好幾個等級，如果加的是劣質槓桿，那等於開啟了「地獄模式」。

長期投資偏股型基金收益佳，但波動較大

雖然我們一直講，股票是長期表現最好的資產，偏股型基金長期收益很不錯，但同時我們也一再強調，偏股型基金高收益的背後也伴隨著高波動（見圖 2-10）。

圖 2-20 各類型基金最大虧損率

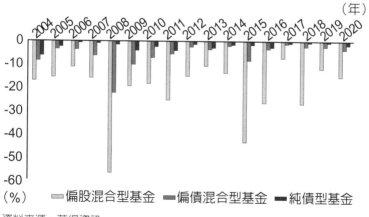

資料來源：萬得資訊

一般投資人投資時，最大的障礙就是高波動，因為波動太大拿不住。這是過去基金賺錢基民不賺錢的主要原因之一。如果投資加上槓桿，在放大收益的同時，也會放大投資的波動。例如加 1 倍的槓桿，當基金下跌 20%，實際本金就虧了 40%，這還沒有考慮這段時間的槓桿成本。股票類資產本身的波動對於多數人而言已經是超綱了，需要用資產配置來降低波動，更別說鼓勵大家用槓桿放大波動了。

警惕小機率事件

雖然長期投資偏股型基金大機率能取得好的收益，但我們無法買入全部偏股型基金，也無法保證自己買的都是好的，萬一選到的基金表現不佳，加上槓桿就會錯上加錯，更難翻盤。站在當前看歷史，確實長期投資賺錢是大機率事件，但不意味著我們碰不到小機率事件，即長期不賺錢。

我們投資時如果用的是長期不用的錢，就算碰到小機率事件，起碼也能保證自己的正常生活；而加上槓桿，只會讓自己面臨極大的風險。

槓桿是一把雙面刃，用得好可以提高本金的效率，放大收益，用得不好則會讓自己加倍虧損。有鑑於多數人無法獲取優質槓桿，也沒有足夠的投資能力和心態駕馭槓桿，因此不建議一般投資人在投資時使用槓桿。如果一定要使用槓桿，那麼以下建議供大家參考。

1. 成本越低越好，期限越長越好。替家人打理資金，也

等於給自己加重槓桿；或在別處加槓桿，使用省下的資金去投資，例如低利率的房貸就是一般人一生能獲取的最佳槓重。

2. 極度確定機會來臨時，再考慮加重槓桿。例如在歷年來發生重大等級的大熊市，股票估值極低，未來的預期回報高，股市下行空間也不大，這時加重財務槓桿應該會更安全一些。

3. 儘量不要加過高的槓桿。對風險有了正確的認識後，我們來講講如何應對風險。

如何應對風險

我們瞭解投資市場潛在的風險後，下一步就要學習如何應對風險。首先，大家要明白一個問題，風險很難預測，它是一個後驗的結果，通常是在風險真正發生時，你才會知道這是一個風險。所以，面對風險時，我們要做的不是預測風險，而是在投資時便預先想好應對方法。

學會賣出

很多人投資達不到預期的收益，除了買貴了，還可能因為不會賣出。

一個投資體系包括「買什麼」、「怎麼買」、「怎麼賣」這三個問題，其中，「怎麼賣」的核心答案就是，你的買進邏輯消失時……。

　　例如，價值投資者的買入邏輯是，用便宜的價格買入優質的公司，當價格不便宜或公司經營不善，那價值投資者就該賣出，因為買入邏輯消失。再例如，你預期某檔股票短期會漲，所以敲進某一檔股票，那麼當該檔股票並未續漲，預期落空，那時你就要考慮賣出。

　　又或者，你因為特別看好某位基金經理人的績效表現而買進某檔基金，那麼當這位基金經理人離職，這你就要好好考慮是否賣出。

　　最後則是假設，你因為看好某公司的經營模式而買進股票，但是當這個經營模式遭受不可逆的變化，請務必要堅決賣出。總之，當買進的邏輯消失，請務必出場。

　　買進邏輯千千萬，相對的，賣出情形也一樣，這當中從來沒有一個具體的標準。至於停利，只不過是你在賣出時，這個標的物正好處於獲利狀態而已。投資需要忘掉自己的持有成本。事實上，投資決策不應依賴你的成本，因為那屬於沉沒成本（Sunk Cost），盯著持有部位成本做決策，則屬於典型的「錨定效應」（Anchoring Effect）。

　　投資人應該根據當前的資訊及對未來的預期進行求解，既然歷史成本並不屬於決策依據，那停利其實也就是個假議

有錢人換你做

題罷了。事實上，早在敲進前就要做好賣出的打算。買賣其實是一體兩面，是相互對應的。每個人在執行買入這個動作時都有自己的理由或想法，你要做的就是記住這個理由或想法。當這個買入的理由或想法改變了，無論盈虧都應執行賣出的這個動作。

這裡要注意一點，你的買入邏輯一定要是正確的，否則停利邏輯也不會是正確的。例如「聽信小道消息」、「朋友推薦」、「某某老師推薦」、「某某基金漲勢驚人」等因素而買進，上述種種都是市場上常見的錯誤邏輯，請大家一定要注意。

做好資產配置

「不要把雞蛋放在一個籃子裡」這句話很多人都聽過，知道資產配置的重要性，但是實操卻出現很多問題，箇中關鍵還是在於並未選好不同的「籃子」。所以在資產配置中，一定要做到均衡品項，股票類、債券類、現金類甚至保險，各類型資產都需要妥善配置，這才是真正做到分散風險。

資產配置的好處不僅於此，它還可以讓你有更好的投資心態和更多的投資機會。

投資中經常會出現一種現象，一個新加入的投資小白想要嘗試投資，於是就拿出自己擁有總資產的 1% 來試水溫。

如果這 1% 很快翻倍，就會給他帶來極大的滿足感和自信心，很容易會直接加碼到 100%。這時只要資產下跌 1%，前面的利潤就全沒了。再者，若繼續下跌，虧損就越大，這位小白的心態肯定失衡，容易進行更多不理性的操作，於是便帶來了更大的虧損。

所以，在投資前就要做好資產配置，這點非常重要，例如持有 60% 的股票類資產，就算下跌 20%，對於你的總資產也不過減少 12%，這時你購買資產將會更加便宜，你甚至可用其他資產再做加碼買進，進可攻，退可守，這才是一個舒服的投資狀態。

建立非線性思維

許多投資者面對未知風險時，心裡都是極度恐懼的，不知該怎麼辦，所以這時一定要有非線性的思維。所謂「禍兮福之所倚，福兮禍之所伏。」市場大幅下跌未必是壞事，估值在下降，也順勢帶來更多投資機會；市場大幅上漲也未必是好事，畢竟風險都是漲出來的。

線性關係是指兩個要素之間存在著固定比例，兩者關係可用一條直線來表述。所以，線性思維往往是單向、均勻且直線的。

而非線性關係是兩個要素之間不存在固定的比例關係，只能用曲線或不規則的線形來表達。所以，非線性思維可幫

有錢人換你做

助我們在看待問題時不至於被框限住，改從更深層的角度去看待、分析、理解這個複雜多變的世界。

線性思維是一種套用公式就可得到正確答案的直線思維方式，具有可預測性；而非線性思維則無法預測答案，例如債券的本金和利息就是典型的線性關係，我們可以套用公式算出到期時的本息和，投入的本金越多，收益越多。而股票市場的資金和收益則是非線性關係，因為股票市場未來的走勢是非線性的，沒有辦法預測我們的投入與結果。

資本市場 80% 的長期收益，多半是在 20% 的時間內獲得的，但我們永遠不知道那 20% 何時會到來？在一個非線性的世界，即使你一直在做正確的事情，你也不知道離趨勢轉換的臨界點，究竟還有多遠？由於市場在 80% 的時間內都是震盪或下跌的，在 20% 的時間內完成大部分的上漲。因，此我們要做的就是耐心等待，期待當在漲勢來臨時，自己在場就好。

股市是一個典型的非線性系統，牛市只會遲到但從不缺席。學會用非線性思維去看待世界、學習投資，不要自作聰明地去猜測牛市何時會來，也無須費盡心思去縮短累積能量期的時間。我們要做的就是在熊市能以較低的成本買進足夠多的部位，再拉長時間，靜待市場好轉，就可以獲取足夠的收益。

風險無處不在，但風險中也藏著更多機會，學會應對風險，就能把風險帶來的機會轉化成為未來投資的利潤。

分散風險的重要性

投資最重要就是分散風險，先立於不敗之地，方可謀勝。根據估值投資並做到適度分散風險，這是較適合一般投資人的投資方式。但分散投資不是為了收益最大化，而是為了避免單點風險、降低波動、平滑獲利曲線。而透過投資不同的資產類型，可以有效提高收益與風險比，達到上述目標。但分散投資不能消除全部風險，例如系統性風險就不能單靠分散投資來解決。

分散風險的作用

大多數人對分散投資的理解就是，將手頭上的錢買入不同的股票、債券，這樣可以避免因某一樣產品下跌而帶來大幅虧損，同樣也可避免錯過其他資產的上漲機會。分散投資還有另外一個好處就是，透過配置不同資產而得到一塊免費的「蛋糕」。

諾貝爾經濟學獎得主哈利 · 馬克思 · 馬可維茲（Harry Max Markowitz）的現代資產組合理論提出，如果在資產組合中加入新資產，就有可能在不降低資產組合收益的情況下降低風險，或者說，在不增加風險的情況下，提高收益（見表 2-8）。

相較於單純投資股票，將資金分散投資於股票和債券，幾乎可在不損失收益的情況下，有效降低風險。長期來看，

股票、債券、黃金、原油、不動產等大類資產相關性低,週期不同,很少同漲同跌,沒有哪一類資產能夠持續高增長。站在當下,既然我們無法預測未來哪個資產表現最好,自然可以採用分散投資的方式來平滑收益曲線,避免投資單一類資產失敗的風險。

　　以下透過等額分散配置上述五類資產為例,透過回測資料顯示,2003 年至今,組合收益正在穩步上漲。

表 2-8 分散投資的作用

	100% 美國股票	50% 美國股票 /50% 美國投資級公司債券
年化報酬率(%)	11.5	11.1
年波動率(%)	19.4	9.1
夏普比率(%)	0.59	1.22
最大虧損率(%)	-53	-30

備註:資料範圍為 2002 ～ 2016 年。年波動率、最大虧損率通常用來衡量風險,絕對值越大代表風險越高。
資料來源:五福資本、彭博社

如何分散風險

1. 買指數而不直接買股票。

　　有股票投資經歷的朋友可能聽過一句話:「賺指數不賺錢。」這句話形容的是當市場整體上漲,處於牛市時,手中買入的股票卻不漲。這是因為影響單一股票價格的因素非常多,一般投資人很難選到優質的股票。

而股票指數則不同，指數中包含了多檔股票，有分散風險的作用。例如元大台灣 50（0050）包含了大盤市場中流動性好、規模大的五十家公司的股票，這五十家公司同時出現問題的機率非常低，即使其中幾家出現問題對整個指數的影響也不會很大，這保證了我們不會因為一、兩家公司的問題而滿盤皆輸。

　　另外，不同股票指數在同時期的表現也可能差距非常大，當你無法判斷未來哪個指數會表現得更好的時候，在低估時期分散買入多隻指數基金是不錯的選擇。

　　2. 配置相關性低或負相關的資產。

　　分散投資發揮作用的一個前提是，投資相關性較低或負相關的不同類型資產。需要注意的並不是分散的品種越多，分散效果就越好，重要的是品種間的相關性是否夠低，例如購買不同國家的股票指數，在購買股票的同時買進債券、大宗商品等資產。

　　簡單說，相關性低代表兩個資產的漲跌是不同步的，有時你漲得多，有時我漲得多；相關性為負，代表兩個資產是你漲我跌的關係。所以分散風險要從以下三個面向去考慮。

　　1. 跨市場投資：分散單一市場風險，例如購買不同國家的股票基金和指數。

　　2. 跨品種投資：分散單一品種風險，例如購買股票、債券、商品等不同資產。

3.同一市場分散投資：分散單一持股風險，例如購買指
數而不是單一股票。

---

1. 又稱「共同基金」，最大特色是「向非特定的投資人，也就是一般民眾，
　　公開募集資金」，特性是投資門檻較低，訊息相對也更為公開透明。
2. 美林證券於 2004 年發表，研究團隊用三十多年的數據做回測，把經濟週
　　期、資產及行業輪動串連起來的投資理論，沿用至今仍是全球廣為流傳、
　　影響力巨大的論述之一。該理論提醒投資人在不同的經濟週期，資產配
　　置不該一成不變。
3. 意指研究對象的數據組合和另一組或多組之間存在高度的關聯性，具體
　　表現在為高度的邏輯和歷史數據上。
4. 就是將一組原本渾亂、不成組織、沒有結構的數據、資料，完整歸納出
　　已成系統的資料。

保險保障對應四筆錢資產配置框架中的保錢部分，透過保險進行人身風險、家庭風險的轉嫁，防止因病返貧、意外返貧的發生。保險產品和條款紛繁複雜，本章主要爲大家講解保險的價值、五大保單以及不同家庭應該如何配置保險。

投資人為何要配置保險？

投資規劃更安心

我們在做投資時，規劃了活錢管理、穩健理財、長期投資，但無論是預期管理還是資金規劃，都無法解決預期外事件帶來的巨大資金缺口問題。人生「黑天鵝」事件可能導致的大額開支對我們的投資帳戶來說，就如同懸著的一把「達摩克利斯之劍」（Sword of Damocles）[1]。

舉個例子，某人運用所學知識進行投資，10 萬元本金在十年後變成 20 萬元。結果忽然有一天重病來襲，巨額的治療費用讓十年的積累一分不剩，投資的本金及收益全部用來看病，這對其是財務上的重大打擊。

保障型保險則是在不確定的未來中，為生活托底，避免在風險發生的時候抽出本金（尤其是長期投資的錢），承擔不必要的損失。保險具備小保費、大保額的作用，讓穩錢更穩，長錢更長，投資規劃更安心。有了合適的保險，投資規劃不容易被迫中斷。因此，保險也是我們能堅持長期投資的重要保證。

投資結構更穩健

投資者如果把全部資產投入權益市場，當遇到大幅下跌時，心裡往往會發慌。贖回不甘心，持有無信心。

從投資收益角度，結合橋水基金的「風險平價」理論來看，投資組合的報酬率可以看作各部分報酬率的加權平均。像年金險或者增額終身壽險這類儲蓄型保險產品，最主要的特點是安全性和確定性，收益性較弱。

在配置時，適當選擇這類安全性和確定性特點突出的產品，再配合基金組合等權益類產品，可以平滑收益曲線，實現自己的綜合收益目標。

風險管理更確實

我們常常專注於日常的工作生活，關注資本市場動態，卻容易忽略對自身的風險管理。保險正是在提醒我們，不僅

資金規劃需要考慮風險管理，人生也一樣。

在每個人的生命過程中，經濟狀況、生活狀態、生活預期和需要承擔的責任都在不斷地變化。我們最好定期檢視保障的充裕度，及時查漏補缺，充分做好保障，在日常生活中踐行長期主義。

投保的正確觀念

保險公司不會故意拒賠

一些人認為保險公司靠故意拒賠賺錢。其實不然。保單是一紙契約，約定了雙方的權利和義務，能不能理賠取決於投保時是否符合健康告知、契約條款等。跟你選哪家保險公司，你認不認識業務員，沒什麼關係。

從保險公司獲利的角度來說，主要的獲利來源在於利差。簡單來說，就是保險公司運用保費獲得的實際投資收益與需要支付的業務資金成本的差額。同時，保險公司受到國家金融監督管理總局（原銀保監會）的嚴格監管，惡意拒賠是不被允許的。況且，每家公司都想維護品牌形象，惡意拒賠這種事情，得不償失。

很多人沒有讀懂保單，認為出了事只要保險公司不賠，就是騙人的。如果能讀懂保單條款，就能理解保險公司拒賠

的原因了。反過來說，如果瞭解哪些情況不能賠及其原因，心中有數後，對於保險理賠也就不會擔心了。

總括來說，保險公司通常遇到以下三種情況就會拒賠。

不在保障範圍內，不賠

依前文所述，保單是一紙契約，保單裡面會寫明保險公司的責任，即保障哪些範圍，而不在範圍內的不能理賠。對於重大疾病險，罹患契約內約定的疾病、實施某種治療或者達到約定的狀態就可以一次性獲賠保額。

對於醫療險，可以報銷生病後的住院費、手術費、藥品費等各項治療費用，一般也能報銷健保外的自費藥和進口藥，不過要注意大部分百萬醫療險會有免賠額和健保先行報銷要求，還有像普通門診、分娩這些專案普遍不報銷。

對於意外險，意外身故、傷殘直接賠保額或部分保額，意外醫療也能報銷，關鍵字就是意外，如果是疾病導致的就不行了。

對於定期壽險，其責任比較簡單，就是在身故或全殘時直接賠保額。

在保險行業野蠻生長的早期，產生的大部分糾紛，基本來自業務員對保障範圍解釋不到位。例如，業務員拿著一份意外險跟消費者承諾「什麼都保」，當被保險人住院看病時申請理賠，自然就被拒賠。

近幾年，隨著監管力度的增強，保險行業也逐漸規範起

來，銷售誤導現象明顯減少。很多地方在投保時要求「雙錄」，即在銷售過程中，關鍵環節以現場同步錄音錄影的方式予以記錄，以規範保險公司銷售行為和保障投保人利益。

免責條款內的情況，不賠

除了要注意保障什麼，也要注意不保障什麼，做到心中有數。保險條款中會有加粗標注的「免責條款」，也就是說當發生這些情況時，保險公司不理賠。大家在投保前，可以仔細看看這些不理賠的情況。

對於重大疾病險，既往症及其併發症、先天性畸形、變形和染色體異常、遺傳性疾病等情況不會理賠。

對於醫療險，慢性病、牙科治療、美容康復等非治療行為不會理賠。

對於意外險，中暑、高原反應、藥物過敏、高風險運動等情況不會理賠。

對於定期壽險，如有故意殺害、故意傷害等違法犯罪的情況，不會理賠。

隱瞞實際健康情況，不賠

在投保重大疾病險、醫療險這類健康險前，需要進行健康告知，有點類似問卷調查。一般會問過往病史、家族史、近期體檢結果，是否在近二年內住院，是否吸煙等等。線上投保的話，可以根據自身情況，在手機上點擊「是」或「否」即可。

如果不符合健康要求，在問卷結束後會顯示不能投保，如果執意投保，在未來出險時，保險公司調查發現投保人之前對健康情況有隱瞞，是有可能拒賠的。實際上，有相當多的拒賠案例就是在健康告知環節出了問題。所以，在做健康告知時，一定要誠實回答。

保險不是想買就能買

　　很多人都不知道，保險不是我們想買就能買的，需要符合一定條件才能買。主要有三方面的條件，即年齡、職業和健康告知。

年齡

　　總的來說，年齡越大，風險越高，保費也就越貴。但到了一定年齡，許多保險也不能再投保了。重大疾病險和定期壽險的最高投保年齡通常在五十五～六十周歲，醫療險在六十周歲左右。如果超過六十歲，一般只能考慮意外險和防癌險（只保癌症的醫療險）。

職業

　　不少保險對高風險職業都有限制，特別是意外險。投保時需要查看自己的職業是否在承保範圍內。

健康告知

　　投保時最重要的是健康告知，它是影響理賠的關鍵因

素，大家一定要認真對待。很多人生病了或者體檢有異常了才想到要買保險。但如果被保險人已經生病了，發生風險的機率很高，保險公司是不願意承保的。當然，現在也有部分產品是針對特定疾病人群定制的，不過這類人群也需要符合其他的健康標準。

目前大部分產品還是針對健康人群設計的，投保時保險公司會圍繞身體狀況提問，要達到要求才能購買。很多常見的小問題，如甲狀腺結節、B肝帶原者、胃炎、結石、肥胖等，都會影響保險購買。

我們常見的保險大多是有限告知，投保人只需要根據保險公司提出的問題回答「是」或者「否」，沒有問到的問題就不用回答，也不用爲了回答健康告知而專門去做體檢。如果在投保前的體檢及看病中從來沒有發現過健康告知中提到的症狀，就視同沒有問題。

那如果不符合健康告知就不能買保險了嗎？也不是的。還有機會透過核保的方式獲取投保資格。保險公司會讓投保人針對健康異常的部分，單獨提供病例、檢查結果等資料，進而評估風險情況，從而決定要不要承保。一般核保會出現如（表2-9）所示的幾種結果。

現在很多線上產品提供了智慧核保，在網上回答幾個問題，就可以知道核保結果，非常方便。

表 2-9 核保結果及解釋

	核保結果	解釋
可投保	標準體	按正常費率買
	加費	在正常費率基礎上加錢買
	除外	約定某個病不保,其他照常保障。
不可投保	延期	風險不確定,需要觀察一段時間。
	拒保	超出保險公司接受範圍,不讓投保。

資料來源、製表:且慢基金投資研究所

保險公司的安全性很高

先說結論,無論是大保險公司還是小保險公司,安全性都非常高。

其實,保險行業的「小公司」,門檻也是非常高的。大多數保險公司,註冊資金實繳都在 10 億元以上。另外,不管保險公司的規模如何,都受到國家金融監督管理總局的監管,且我國保險在監管方面極嚴,處於世界頂尖水準。保險公司破產是機率極低的事件。

但保險公司萬一破產怎麼辦?

經營有人壽保險業務的公司,原則上不得解散。這些公司的資金情況、償付能力,每個季度都要向監管部門彙報。如果要解散,在流程上也是受嚴格控制的,要經相關部門批准才可以。

在保險公司發生重大經營風險時,監管部門會提前介

入，適當動用保險保障基金，幫助保險公司走回正軌，例如之前的新華保險和安邦保險。如果保險公司最終還是要破產，保險契約也會在監管部門的指導下轉讓給其他保險公司，投保人的利益不會受到損失。簡單來說，只要是滿足監管要求的保險公司，其安全性幾乎不用擔心。

也就是說，不管保險公司破產與否，我們手中的保單都是安全的。

買保險的六大原則

隨著保險的普及，越來越多的人意識到保險的重要性。那麼一個家庭該如何配置保險呢？可以用以下六大原則解決我們實操過程中的難點。

貢獻最高－應該幫誰投保？

家庭中哪個成員最不能缺保險？應該先給誰買，父母、孩子、還是自己？這是很多人經常會問的問題。

保險屬於一種金融工具，所以最好按照家庭的經濟貢獻程度決定購買順序。誰是家庭經濟支柱，就要把誰放在購買保險的第一位置上，因為家庭經濟支柱的賺錢能力最需要得到保障。一旦支柱生病了，家中經濟來源將中斷，家庭將面臨成員生病和經濟受損的雙重壓力。只有保障了支柱的賺錢能力，家庭財富才能夠源源不斷地增長。所以，最好先給支

柱買好保險，再給老人和孩子購買。

當然，任何事情都不絕對，如果家庭成員對家庭的經濟貢獻程度相似，就需要同等對待。

總的來說，誰的收入高先給誰買，誰的工作性質危險先給誰買，誰的身體健康先給誰買。所以，整體的購買順序是：家庭經濟支柱 > 次家庭經濟支柱 > 無收入者。

風險最大—選擇哪種保單？

確定了家庭成員的購買順序後，再來看險種的購買順序。

在險種的購買順序上，需要考慮的是什麼風險發生後，對家庭經濟打擊最大，就需要優先配置這個風險對應的險種。一般情況下，家庭經濟支柱面臨的最大風險就是「疾病風險」。正值事業上升期，家庭經濟支柱一旦生病住院，不僅要花費巨額的醫藥費，還會影響家庭收入。因此，重大疾病險和醫療險是家庭經濟支柱的必備險種。此外，家庭經濟支柱還必須配置壽險和意外險。尤其是有房貸、車貸等負債的家庭，壽險更是家庭經濟支柱的必備險種。建議壽險的保額不能低於貸款金額，保障年限不能低於貸款的還款年限。

下面說說孩子的險種購買順序。孩子抵抗力較弱，容易生病住院，有時候小小的感冒都可能導致入住重症加強護理病房（ICU）。所以，醫療險是應對此風險的最佳險種。重大疾病險主要起到收入補償作用，雖然孩子沒有收入來源，

但這並不意味著孩子不需要重大疾病險。一旦孩子罹患重大疾病，往往有一方父母專職陪同就醫，影響家庭收入來源。從這個角度來說，最好在醫療險的基礎上搭配一份少兒重大疾病險，來應對兒童白血病之類的兒童高發重大疾病。此外，孩子活潑好動，容易磕磕碰碰，意外險也是孩子必備險種之一。

老年人受年齡和健康狀況影響，投保難度加大。例如重大疾病險，老年人即使能透過健康告知程式，往往也會遇到保費高保額低，投保不划算的問題。

合理佔比－解決投保預算

保費預算以保障充分且不影響正常生活為宜，可以按照家庭習慣靈活調整，沒有統一標準。這裡介紹一些主流的保費佔比方案供參考。

很多人會使用「4321 定律」來做資產配置。這是指將資金的 40% 拿去投資成長性較好且有不錯收益的資產，30% 作為食衣住行等生活開銷，20% 儲蓄起來作為備用金來應急，剩下 10% 配置保險。同時採取一種恒定混合型投資策略，即某種資產價格上漲，就相對應減少這種資產總額，將其分配到剩餘的資產當中，使資產配置比例恒定在 4：3：2：1。

除了按照「4321 定律」分配資產，還有一種是按照年收入來確定保費預算的辦法。根據生命階段、家庭結構等影響風險承受能力的因素，結合自身經濟狀況及風險偏好，

保費預算可按照家庭年收入的 5% ～ 20%，動態調整（見表 2-10）。

表 2-10 保費預算確定方法

家庭結構	生命階段				
	25 歲以下	25 ～ 35 歲	36 ～ 45 歲	46 ～ 60 歲	60 歲以上
單身貴族	5%	7%	10%	7%	5%
兩人世界	8%	10%	13%	10%	8%
家裡有娃	10%	12%	20%	15%	10%
三代同堂	10%	15%	20%	17%	10%

資料來源、製表：作者

因應損失─投保多少金額才夠用？

保額是保險金額的簡稱，指出險後保險公司理賠的最高限額，同時也是計算保費的主要依據。說白了，保額就是發生風險時，這張保單最多能賠多少錢。

投保時該選擇多少保額，由多種因素決定，主觀上取決於自身的需求和經濟能力。保額越高，抵禦風險的能力越大，當然保費也會水漲船高。所以我們在投保時，選擇的保額既不能因過高而超出自己的支付能力，也不能因過低而造成嚴重的保障不足。

保險的作用是抵禦風險，而保額的高低決定了抵禦風險能力的大小。如果一份保險的保額太低，意味著一旦發生風險，即使理賠也解決不了全部問題，仍有風險破口，這就失

去了購買保險的意義。但保險的保費在很大程度上由保額決定，保額越高，保險的保費就越貴。

　　對一般家庭來說，保費超額支出會嚴重影響家庭的生活品質，增加經濟負擔。情況嚴重的話，保費無以為繼，甚至會出現斷交及退保現象，不僅造成保障缺失，還可能產生金錢損失。

　　如此看來，保險的保額只有買得合適（保費在承受範圍內，且有充足抵禦風險的能力），才是最佳的選擇。那重大疾病險、意外險、醫療險、壽險，以及為養老準備的年金險我們都買多少保額合適呢？可參考（表2-11）。

表 2-11 保額的選擇

產品類型	保額的估算邏輯
重大疾病險	個人年收入 × 時間係數（三～五年）
意外險	家庭剩餘應還貸款總額 + 個人年收入 × 時間係數（三～五年）
醫療險	跟隨市場主流產品保額即可（普通醫療保額 100 萬元及以上，大病保額 300 萬元及以上）
壽險	家庭剩餘應還貸款總額 + 個人年收入 × 時間係數（三～五年）
年金險	退休前年收入 ×60%× 時間係數（到平均死亡年齡或保證二十年）

資料來源、製表：作者

長期關鍵—能夠保障多長時間？

對於商業保險，我們始終強調，大人優先於小孩，保障型產品優先於儲蓄型產品，預算規劃優先於產品選擇，保額規劃優先於保障期限選擇。關於保障期限，我們在符合上述原則後，如果預算充足，那保障期限肯定是越長越好。在預算不充足的情況下，則重點保障以下三個階段。

第一階段，青年事業打拚期。快節奏的時代，年輕人埋頭奮鬥，往往忽略了「革命的本錢」。在工作、事業前景蒸蒸日上之時，不要忘了未雨綢繆，做好底層保障配置。

第二階段，中年疾病高發期之前。根據中國癌症研究中心資料，隨著年齡的增長，癌症在五十～七十五歲發病率曲線增速明顯。考慮到食品安全及環境等問題，該年齡段非健康體機率高，投保時可能存在需要人工核保或被拒保的情況。所以，本人建議保障規劃方案盡可能在身體健康時期就配置完畢。

第三階段，家庭貸款還款期。高負債率的背後往往有著不小的隱患，一旦家庭成員陷入疾病和意外的困境，負債會壓垮家庭經濟。所以，保障期限應儘量覆蓋到還款期限的結束。

費用分攤—如何繳納保費？

優先考慮長交費期（如三十年）和高交費頻率（月交）。交費時間越長，交費頻率越高，槓桿作用越明顯。舉個

例子，同樣是投保後第十年出險，如果選擇了十年交費，此時全部保費都交費完畢，但選擇三十年交費的話，相當於僅繳納了 1 / 3 的保費，卻獲得了同樣多的理賠款。另外，目前很多保險帶有豁免功能，即如果投保人／被保險人，罹患輕症、中症、重病，後續的保險金不用繳納，保障依然持續。從這個角度來說，交費時間越長，交費頻率越高，用小保費撬動大保額的效果更明顯。

當然結論也不是固定的，要結合個人財富收入的週期性來衡量。在極速創富階段，如做生意，可以在收入多的時期選擇中短期交費，防止後期收入不穩定導致交費壓力大。

常見的五種保單

重大疾病險

提到購買業保險，大多數人的第一反應就是選擇重大疾病險。

沒錯，最難過的莫過於人在醫院躺著，家人為醫藥費四處籌措。生病不僅導致花銷增加，還會耽誤工作，家裡少了份收入來源更是雪上加霜。這時候，如果有一份重大疾病險就可以發揮相對應的作用。重大疾病險轉移的是重大疾病風險，當被保險人符合契約約定，確診了保障範圍內的重大疾病、達到約定的疾病狀態或者進行了相對應的手術，保險公

司就會一次性理賠保險金。

　　其實，重大疾病險的意義並不侷限於避免沒有足夠的錢治病，因為罹患重病後，被保險人通常喪失工作能力，重大疾病險就能作為對收入損失的補償，患者可以自由支配理賠到手的保險金。而「重大疾病險」是指金管會規範定義的七項重大疾病的險別 **2**，理賠主要依據醫生提供的診斷證明，當投保人在確診後，理賠金將一次給付。

　　此外，重大疾病險又分為甲型重大疾病險、乙型重大疾病險，兩者主要差異在於其中四項疾病（癌症、腦中風後障礙、癱瘓、急性心肌梗塞）區分為輕度和重度，乙型輕度和重度皆有保障；甲型則僅針對重度予以理賠。

　　因此，甲型重大疾病險保費便宜，適合預算有限的消費者。再者，重大傷病險亦須符合健保重大傷病項目（扣除八項遺傳性或先天性的疾病及職業病），才可申請理賠，理賠金也是一次給付。保障範圍有二十二類 含括三百多種疾病，保障範圍最廣，保費自然也最貴。

　　此外還有另一種針對二十二項「嚴重特定傷病」推出的特定傷病險。通常這種保單的保障範圍是二十二項嚴重特定傷病加上七項重大疾病。換句話說，當消費者看到「特定傷病險」時，就要明白這個保障範圍通常比重大疾病險更大，所涵括的疾病保障也較多。至於的理賠條件則與重大疾病險一樣，須經醫生診斷確定罹患保障範圍中的疾病後，保險公司就會給付一

筆理賠金。

更重要的是：保戶無須再搜集各類醫療單據，省下這繁瑣小事，理賠給付往往更符合病患的需求。

最後是除了達到重大疾病的理賠條件，現在主流的重大疾病險還有對一些輕症、中症的理賠，它們對應的是重病相對應病種的輕度狀態。重大疾病險還可以附加很多其他責任，如重病二次賠、癌症二次賠、重度醫療津貼，等等。但這些責任並不是贈送的，每附加一項就要多一些保費，是否選擇附加責任，我們還是要根據自己的情況綜合決定。

附帶一提，挑選重大疾病險需要注意以下事項。

保額是第一要素，保額的多少決定了出險時能理賠多少保險金。如果保額低，出險後不能全部解決家庭經濟問題，依然存在風險破口。目前建議成人保額配置到 50 萬元、兒童配置到 60 萬元（基於少兒重大疾病險保費較為便宜、保障期限更長以及通膨問題考慮），如果家庭年收入高，可繼續增加保額。

保障期限是第二要素，在保額優先的情況下，盡可能拉長保障期限，再去考慮其他附加責任。而身故責任不是必選項，更適合預算充足的朋友。而且，就性價比來說，單獨選擇定期壽險保障身故責任更合適。

如果想要投保多次理賠的重大疾病險，要注意疾病分組和間隔期的概念。

意外險

顧名思義，意外險就是保障由意外引起的身故、傷殘、醫療，如摔傷、燙傷、扭傷、車禍等，都在保障範圍內。意外險也稱為「傷害險」，主要為理賠因意外而導致身故或失能的險種。若不幸發生意外想要申請理賠，意外險的理賠條件必須符合下列三項定義：

外來：身體因內在原因以外的事故所引起。

突發：指遭遇不可預期、突然發生的事故。

非疾病：排除因疾病所導致的變故，例如心肌梗塞便是一例。

基本上，意外通常指意想不到的事情，但意外險對於「意外」有特殊定義。理賠必須滿足外來的、突發的、非疾病的、非本意的。舉個例子，我們看新聞說某某明星猝死，已經夠令人意想不到了吧？但猝死不滿足意外險理賠條件，因為猝死屬於因自然疾病導致的突然死亡，不符合非疾病的定義。

不過，目前有些意外險為了順應市場需求，單獨附加了猝死保障責任。而挑選意外險需要注意以下三個事項。

1. 注意意外醫療的額度：相比於意外身故／傷殘，意外醫療的使用頻率更高。

2. 關注理賠的免賠額、理賠比例、報銷範圍：免賠額越低越好，理賠比例越高越好，不限健保報銷更好。

3.儘量涵蓋猝死責任：儘量選擇單獨附加猝死責任的意外險，使保障更全面。

醫療險

很多人覺得有健保，那就不需要再買醫療險了。但對普通人來說，在有餘力的情況下，最好補充一份醫療險，因為還有很多醫療費用是健保不能報銷的，故而購買醫療險的用處即在此。而如果不幸罹患重大疾病，健保給付顯得有些杯水車薪。醫療費用更是明擺在眼前的主要需求，這關係到患者能否妥善接受治療。這時就需要醫療險來填補這個風險破口了。

醫療險基本上就是一種保險公司會依照情況，理賠被保險人全部或部分醫療費用的保險，理賠項目包括住院費、手術費、手術耗材費、藥費等。而依照理賠方式，醫療險又可大致分為「定額給付」型及「實支實付」型；以及依照保障期間，分為「定期醫療險」及「終身醫療險」二大類。

而大家會在保費及保障期間做抉擇，選擇應該投保「定期」及「終身」醫療險。並且因為定期險雖有低保費、高保障的優勢，但多數最高只承保至八十五歲。而終身險雖然保障至一百一十歲，但其費用較高且保障項目也較定期險少。因此我會建議有預算考量的讀者不妨先規劃「定期險」，待日後有足夠預算時再考慮增加「終身險」。

壽險

壽險是以被保險人身故／全殘為理賠條件的險種，無論是疾病還是意外導致的，只要達到理賠條件，都是直接給付保額。壽險通常分為定期壽險和終身壽險。

定期壽險是家庭經濟支柱的必備險種，家庭經濟支柱的突然身故不僅會讓整個家庭的經濟收入受到衝擊，很多時候還可能會面臨貸款斷供的風險。當然，在預算充足的情況下，全職太太／先生也可以配置定期壽險。

定期壽險加入了保障期限的約束，所以保費相對較低，從而槓桿較高。以三十歲男性為例，每年定期繳納的定額的保費，待繳費期滿，便可贖回一定額度的保障。因此，在選擇定期壽險時，保額最好完全覆蓋家庭年收入的 3 ～ 5 倍 ＋負債總額，保障期限最好覆蓋到退休年齡。

終身壽險相當於一張 100% 中獎的彩票，無規定期限，保額固定，身故即理賠。由於終身壽險具有確定性，所以價格更高。如果想透過保險實現定向傳承，可以選擇終身壽險。通常終身壽險受益人默認為法定受益人，也可以指定具體受益人和受益比例，達到定向傳承的目的。

需要注意的是，壽險和意外險雖然都有身故責任，但二者不能相互替代。意外險的身故責任，限制在「意外」的情況下，因為生病導致的身故不能理賠。壽險的身故保障就全面很多，除了免責條款裡的情況，無論意外還是疾病身故都

能獲得理賠。

此外，壽險解決的是家庭責任的問題，最大的特點就是高保額，可覆蓋家庭成員突然身故帶來的收入驟減 + 高額負債的問題。所以，意外險和壽險對於家庭經濟支柱來說，需要同時配置。

年金險

基金、股票或許能提供不錯的收益，但如果想要有長久、穩定的現金流來實現養老需求，也可以透過年金險來解決。當然，對於有豐富的投資經驗，可長期穩定賺取年化6%以上的回報，以及自己本身就有持續穩定的現金流的人來說，年金險並不一定是最優選擇。這部分人完全可以透過自己的投資能力，獲得更有品質的養老生活。而對於以下三種人來說，年金險是一個非常適合的選擇。

1.追求穩健、接受零風險 + 低收益的人。

2.希望按年或按月固定領取退休金的人。

3.不想費心研究投資，害怕自己的退休金受市場波動影響的人。

此外，相比投資理財，年金險具備以下三種特殊功能。

1.強迫儲蓄：在選擇交費時間後，必須按時繳納保費，一旦停止繳納並超過寬限期，契約就會失效，只能退現金價值，本金有損失。

2.強制鎖定：在到期領取前，中途不可隨意支取。若有

有錢人換你做

急用提前支取，只能透過保單貸款的方式來獲得現金流，需在約定期限還款，並支付對應利息。

3. 保證領取：年金險會在契約中約定好具體領取時間、領取金額等，不會有負收益的情況。

年金險的本質可以用一句話來概括：在確定的時間，把確定的錢，留給確定的人。通常的表現形式是，現在一次性或分三年、五年、十年交費，固定時間可以領取，領取的金額是契約約定好的。

年金險和上面提到的增額終身壽險，都是儲蓄性質的保險。區別主要在於年金險只能在規定的時間領取規定的金額，是一種被動現金流。增額終身壽險靈活性更強一些，需要自己主動觸發現金流。此外在挑選年金險時，有幾個需要注意的事項。

1. 不過分追求年金險的收益。目前市場上年金險報酬率相差不大，如果投入的資金不是足夠多，過分追求一點點的年化報酬率，意義不大。

2. 把精力放在領取上。有些年金險是前期領取少、後期領取多；有些是固定領取；有些還會有額外的祝壽金等。可根據自己使用需求選擇對應領取方式的產品。

3. 是否可以加保。加保可以理解爲把年金險看成一個儲蓄帳戶，可以隨時追加儲蓄，以後領取的會更多。目前可隨時追加的退休金產品並不多，可按需求做選擇。

如何為不同的家庭成員，配置最適合的保險？

如何幫孩子買保險？

大人、孩子，誰該先買？

在瞭解孩子的保險該怎麼買之前，我們再重申一下前面提到的投保順序。

所「父母之愛子，則為之計深遠」，父母恨不得一切都給孩子最好的。但在保險這件事上需要轉變下思維，不少父母為了給孩子 360 度無死角的保障，給孩子買了一堆保險，自己卻在「裸奔」，或者是孩子的保費佔比很高，自己的保費預算卻很少。

我們需要明白，保險保障的是未來的財務損失。對家庭來說，父母才是孩子最好的保險。如果自己罹患疾病，或者因為罹患疾病無法工作，會直接導致家庭的財務危機，那孩子的生活費、興趣班費都會成問題。所以作為父母，在給孩子配置保險前，應該先把自己保障好。也就是常說的先大人、後孩子。

在少子化趨勢下，每個小孩都是父母心中的寶貝，子女教育方式也因此產生重大變化；依照某人壽公司公布 2021 年「教育金準備暨學習資源大健檢」調查可發現，受到少子化影響，家長們願意投入在每位孩子身上的教育金總額正在逐年攀升，已有近四成的家長願意投入逾 300 萬元的教育經

費。只是，你真知道孩子們需要哪些保障嗎？

其實在為孩子買保險時，建議大家應該先確定自己的荷包與預算，再來想想看自己能給孩子什麼樣的保障？一般來說，建議參照（表 2-12）的順序給孩子買保險。

表 2-12 兒童投保的優先順序

保險種類	保障內容	優先順序	投保建議
兒童健保	屬於國家福利，作為基礎保障比較全面。	★★★★★	一定要參加
重大疾病險	彌補因為孩子罹患重病造成家長工作擱置、失去經濟來源而來的損失。	★★★★	購買消費型重病保障至成年，預算充足則可考慮終身投保。
意外險	各種由意外所導致的傷害，包括意外身故和傷殘。	★★★	建議投保性價比高的一年期產品
醫療險	彌補因病住院帶來的費用支出	★★★	優先考慮百萬醫療險，解決住院醫療的大筆費用。
教育金	分紅型、儲蓄型、年金險等	★	在配齊所有保障性質的保險後，再考慮儲蓄性質的保險。

資料來源、製表：且慢基金投資研究所

1. 先為孩子辦好兒童健保，享受到國家基本保障的福利。有兒童健保再投保醫療險時，保費一般也有所優惠。

2. 孩子需要買重大疾病險，雖然孩子不承擔家庭經濟責任，但是一旦罹患重病，至少有一方家長要陪護，影響正常工作。此時孩子的重大疾病險如果能理賠一筆保險金，就可以彌補家庭經濟損失。

可以根據家庭的預算來給孩子配置重大疾病險。如果預算不多，選擇保障到孩子成年或者保障到七十歲的定期重大疾病險就可以。如果有一定的預算，想給孩子更長久的保障，可以考慮保障到終身。重大疾病險的保額一定要充足，一般建議 60 萬元保額起步。

3. 小孩子活潑好動，磕磕碰碰少不了，意外險對小孩子來說很實用。挑選兒童意外險，建議考慮以下幾點：意外醫療額度、意外傷殘理賠、是否可理賠健保外用藥、免賠額和報銷比例。絕大部分意外傷害需要門診和住院治療，所以意外醫療這項責任是非常重要的，建議優先考慮沒有免賠額，不限健保用藥，且報銷比例為 100% 的產品。

對身故責任來說，國家有相對應的規定，為防範道德風險，未成年人身故保額有限額，十歲以下身故理賠不能超過 20 萬元，十至十八歲身故理賠不能超過 50 萬元。雖然意外身故保額有限額，但意外傷殘沒有限額，且意外傷殘和意外身故共用保額。所以預算充足的話保額也儘量選擇高一些，

畢竟意外傷殘的機率要大於意外身故。

如何幫自己買保險？

與「疾病」風險有關

在險種選擇上，第一要考慮的是政府機關提供的醫療保險，也就是健保。作為國家的福利，無論什麼年齡，第一份保險產品都應該是健保。

第二是重大疾病險。作為給付型保險，理賠成功一次性理賠保額。正因如此，重大疾病險能承擔因患重病而導致的收入損失，且重大疾病險不存在續保難的問題，一般連續保障幾十年或者終身，能提供長久穩定的保障。

第三是醫療險。雖然有健保了，但因較為嚴重的疾病住院，所需的住院費用也是非常昂貴的。這時候就需要商業醫療險作為健保的補充，來報銷更多的醫療費用。目前市面上比較優秀的醫療險是保證續保的百萬醫療險，不僅能報銷健保外的醫療費用，保額也足以覆蓋重病產生的醫療費用。

與「身故／意外」風險有關

人的生命是極其脆弱的，做好身故保障是很有必要的。

意外險作為理賠槓桿高、投保條件寬鬆、價格便宜的險種，也是我們必須配置的一個險種。目前，300 元左右能買到保障一年，身故理賠 100 萬元的意外險。這樣的產品適合

大多數人，推薦人手一份。意外險除了涵蓋身故責任，還有意外傷殘、意外醫療責任。

壽險是保障內容最為簡單的險種，主要保障內容就是身故和全殘。壽險和意外險不同之處在於，壽險不僅能保障意外身故，也能保障疾病身故，即壽險的身故責任更充足。

成年人買保險的陷阱

第一，先做基礎保障，再考慮儲蓄。基礎保障也就是意外險、重大疾病險、醫療險、壽險，儲蓄性質產品主要是年金險、增額終身壽險。

第二，先保大風險，後考慮小風險。較大風險發生時收入來源中斷，家庭陷入困境。這種大風險應優先轉移，如重大疾病、身故、全殘等。小風險如頭疼腦熱，發燒感冒這種門診方面的風險可以自己負擔。

第三，先看產品，再考慮保險公司。很多人買保險只看公司，不看保險產品適不適合。交費好幾年後，才發現保障不充足或是不滿足自己的需求。建議優先看產品和保障責任，保險公司不作為主要考量點。

如何幫父母親買保險？

老年人投保的困難點

老年人買保險主要難在年齡限制、健康限制以及保費

貴、保額低。

年齡越大，患病的機率越高，保險公司在設計產品及定價時都會考慮進去。換言之，保險對於老年人不太友好，目前幾乎所有重大疾病險和醫療險投保年齡都在零～六十歲，有的會限制在五十五歲甚至四十五歲。

對於老年人，高血脂、高血壓、高血糖、心腦血管疾病都是常見的疾病，想買到重大疾病險、醫療險都很難，因為健康告知要求很嚴格，老年人投保會比較困難。

另外，年齡越高，風險越大，保費也就越高。例如老年人買重大疾病險，額度最多 10 萬元或 20 萬元，甚至有可能出現繳納的保費比保額還要多的情況，這樣就真的划不來了。

老年人為何要買保險？

即使老年人投保有眾多阻礙，依然很有必要配置保險。

給父母買保險，主要是為了減輕子女的負擔。如今，負擔老人的食衣住行並不難，養老主要擔憂的是老人生病時沒有足夠的治療費用。老人年紀大了，免疫力和身體機能都在下降，隨著年齡增長，發生疾病的機率也越來越高。若不幸罹患重病，將面臨昂貴的治療費用。此外，老人也更容易發生意外，哪怕摔個跤都會對老人造成很大的傷害，且恢復時間很長。

老年人必備保險有哪些？

首先，健保作為基本保障，是必須給老年人配備的。然而，老年人的健保繳納情況參差不齊。對於大多數城鎮戶籍的老年人，如果繳滿了規定年限，就可以享受終身養老保障以及終身健保待遇。

如果父母年輕時候未繳滿，那我們可以選擇補繳。在無法補繳的情況下，可以給他們買一份城鎮居民醫療保險作為最基礎的醫療保障。其次是意外險。老年人的身體素質相比年輕人要差很多，很容易磕磕碰碰，造成摔傷、骨折等意外情況。

因此，意外險是除健保外優先給老年人配置的險種。在給老年人投保意外險時，重點關注的幾點：意外傷殘、意外醫療、免賠額、報銷比例。在意外醫療這項責任中，儘量選擇保額不低於 1 萬元，不限健保用藥，沒有免賠額且不限制報銷比例的產品。

再次是醫療險或癌症險。癌症險又分為以下三種：

一次金給付型：確定罹患癌症後即可申請理賠，即依癌症程度（初期、輕度、重度）比例，一次給付理賠金。

療程給付型：在每次癌症治療療程結束後即可申請理賠，保險公司會依照保障項目理賠。

多次給付型：罹癌後第二年度並未痊癒但仍生存者，保險公司每年都會給付一筆理賠金。

哪些保險不是老年人必備的？

到了這個年齡，基本不再承擔家庭主要經濟責任了，且子女已經成年。所以面臨的風險自然和中青年面臨的風險不一樣，老年人面臨的風險主要就是疾病和意外風險。所以像定期壽險這種產品，父母就沒有必要買了。超過五十歲，投保重大疾病險也需要謹慎，因為保額不會很高，還有可能出現保費倒掛現象。此外，一些儲蓄型產品，由於年齡原因，就算投保，後期領取也不是很划算。總之，若購買保險預算有限，像定期壽險、重大疾病險、儲蓄型產品都可不做配置。

投保後，我還需要注意什麼？

做好保單管理

隨著互聯網保險的快速發展，電子保單也越來越普遍，一般電子保單會直接發到投保時填寫的郵箱，每次查看保單都需要去郵箱翻找，容易忘掉自己投保過的一些產品。所以投保後並不是就完事，我們要統一管理自己及家人的保單。

管理保單的好處

1. 查漏補缺，完善保障。投資是動態的一個過程，保險配置也是如此，不同的人生階段需要不同的險種，例如成年人需要重大疾病險、意外險、醫療險和定期壽險，到了父母的年齡可能就只需要醫療險和意外險了。

一個人需要的保單都要好幾份，所有家庭成員都配齊的話就更多了。這時候妥善管理家庭保單的重要性就突顯了，它能夠讓我們知道都買了哪些產品，保障有哪些，保單到期日是什麼時候。

　　2. 方便理賠。我們買保險的目的就是能夠順利理賠。如果沒有生病或者發生意外還好，但是風險之所以叫風險，是因為我們不能預測，只能積極應對。一旦發生風險，首先要知道自己能否理賠，如果連自己有哪些保單都不記得，談何理賠呢？一般情況下，保險公司不會主動理賠，畢竟他們不清楚被保險人的情況。無論是意外還是患病，出險後都需要我們主動向保險公司報案，保險公司才會得知被保人出險的情況。

　　如何妥善管理保單？

　　1. 與家人溝通。投保後儘量將保單分享給親密的家人、父母或者配偶。這一步很關鍵，方便在風險來臨時，家人可於第一時間去瞭解和辦理理賠等相關事項。

　　2. 保單匯總。分類整理和保單匯總。不管是從哪裡購買保險，不管是電子保單還是紙質保單，需要提前匯總整理好免得需要用保單的時候手忙腳亂。

　　3. 建立清單。做好分類整理和匯總後，可以建立一個試算表，製作一個保險清單。根據被保險人來歸類，然後將保單的相關資訊羅列進去，這樣每一份保單的資訊就一目了然

了。整理保單的過程也是解讀保險資訊的過程。

目前很多互聯網投保平台通常帶有非常便捷的保險帳戶。如果在這樣的平台投保，保單會自動同步到你的保險保障帳戶，可以查看投保資訊。如果你之前有商業保險，也可以透過外部保單管理的形式去登錄帳戶，妥善管理自己已有的保單。

保單各項安全服務

簡單說就是保險公司為使客戶的保單有效，在客戶的要求下對保單進行變更，常見的保全服務有以下幾種。

修改資訊

這個是最常見的，如各項證件效期變更、金融卡或信用卡資訊、聯絡位址、受益人、投保人等資料變更等。

補充告知

身處網路時代，投保流程也變得更方便簡單，但是很多人投保後或者投保一段時間後，發現自己有些地方不符合健康告知要求，要向保險公司進行補充告知，這時是需要進行二次核保的。結果可能是繼續承保，也可能需要加費或者除外某些責任才可以繼續承保。不適合的話，還可能被拒保，只退回現金價值。所以在投保時一定要如實告知，避免後期不必要的麻煩。

退保

按照字面意思就是把保單退掉。退保是有一定損失的（猶豫期內退還保費，猶豫期後只退保單的現金價值）。所以退保前一定要考慮清楚。如果為了更換產品而退保，那一定要利用原來產品的寬限期，儘量把保障時間延長。

保單借款

又稱保單質借，就是用有保價金的保單當作抵押品來借錢。通常買保險就會有保單，每張保單會有不同的保價金（保單價值準備金）

保價金＝保費－預期理賠的成本

因此當你有資金需求時，便可用這張含有「保價金」的保單，向保險公司抵押借款，這就是保單借款的原理。

一般來說，無論是哪一種抵押借款都不太可能借到抵押品的 100% 價值，保險公司為了防止保單失效或發生保單借款虧損，多半會預設借款成數的限制。例如以新台幣計價傳統壽險以及利變型保單來說，大約可借到 70% ～ 90%；而同樣以新台幣計價的投資型保單，則大約可借到 40% ～ 60%。

反觀外幣保單的借款成數，通常比新台幣保單再低一些，借款利率也偏高，建議若非真有資金需求，盡量不要透過外幣保單來抵押借款。

有錢人換你做

保單合約補發

目前線上投保都是電子保單，跟紙質保單具有同等法律效力。一般長期險也會提供紙質保單，不過可能需要自己進行申請。

此外，還有一些保單複效、紅利領取等保全服務，需要時可以諮詢保險公司。

需要理賠時，該找誰？

各大保險公司的理賠基本流程大體是一致的：撥打保險公司客服電話或登錄官方平台出險報案→整理理賠資料→提交至保險公司→保險公司進行資料審核、案件調查→理賠結案，拒賠或者領取賠款。當然不同險種可能需要的理賠資料不一樣，（表2-13）是一份常見的理賠資料清單，可供參考。不過，不同的保險公司所需要的資料可能有所不同，具體還是以保險公司要求為準。

以上就是關於保險保障的全部內容了，保險是不是也沒有那麼神秘難懂？不過，理論和現實還是有些差距的，保險通常還涉及醫學及法學知識。在實際操作中，如果遇到複雜的問題，例如健康告知問題、條款問題、保單架構問題，自己難以決斷，還是盡可能地聯繫保險專業人士協助。

表 2-13 保險理賠資料清單

	意外身故	疾病身故	意外傷殘	重大疾病	門急診醫療	住院醫療／補貼
理賠申請書	√	√	√	√	√	√
保險憑證	√	√	√	√	√	√
保險金轉帳授權書、存摺或銀行卡影本	√	√	√	√	√	√
被保險人身份證明			√	√	√	√
受益人身份證明	√	√				
受益人關係證明	√	√				
死亡證明	√	√				
戶籍註銷證明	√	√				
傷殘鑑定書			√			
醫療費用原始發票					√	√
醫療費用結算單及明細清單					√	√
門急診病歷			√	√	√	√
出院小結			√	√		√
診斷證明書（如有）				√	√	√
手術證明文件及相關病理檢查報告				√		
意外事故證明	√		√		√（如有）	√（如有）

資料來源、製表：且慢基金投資研究所

---

1. 意指當下擁有強大的力量卻又時時害怕被他人奪走。簡單地說，就是感到末日似乎隨時都會降臨。
2. 七項重大疾病分別為，癌症、腦中風後障礙、癱瘓、急性心肌梗塞、冠狀動脈繞道手術、末期腎病變、重大器官移植或造血幹細胞移植等。

堅持投資理念

3.1 適合自己的投資理念

趨勢投資：順勢而為，找對方向

妥善分配資金只是投資的第一步。那接下來是什麼？

有人說是學習投資方法，有人說是練習投資技巧……這些在我們看來都有點著急。因為市場變化萬千，方法總會出錯，技巧總會失靈，任何投資技巧都有出槌的時候。如果發生在你身上，又該如何應對？

舉個例子，有人投資時篤信小型股策略，學習了很多相關投資方法，因為他覺得「船小好調頭」，只要行情一好，首先一定加惠市場上的這群小型股……。

但實際結果如何呢？

如（圖 3-1）所示，「滬深 300 指數」（CSI 300，上海證券交易所代碼 000300，深圳證券交易所代碼 399300），代表大型權值股策略走勢，「國證 2000 指數」代表小型股策略走勢。如果僅從上一輪牛市之後來看，你會發現市場從 2016 年到 2022 年，總是處於各股的輪動行情，而且至少經歷了三輪切換。

有錢人換你做

圖 3-1 「滬深 300 指數」VS.「國證 2000 指數」走勢（對比圖）

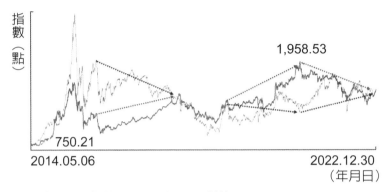

指數（點）

1,958.53

750.21

2014.05.06

2022.12.30
（年月日）

── 滬深 300 指數　── 國證 2000 指數

資料來源：Choice 數據

　　換句話說，這期間不論你長期堅守哪一種策略，最後都會在某些時段跑輸另一種風格相反的策略。比如 2016 年～2021 年，「滬深 300 指數」輕鬆實現了大幅正收益，而「國證 2000 指數」不僅跑輸，撐到最後甚至還虧錢。

　　如果你掌握的是小型股策略，堅持了四～五年依舊虧損，你真的能接受嗎？你會不會覺得自己學到一個錯誤的方法？要不要換到大型權值股策略呢？如果你經受不住虧損，開始自我懷疑，並在 2021 年決定換到大型權值股策略，那麼恭喜你，後面又要多承受連續兩年的暴跌。而與之相反的結果是，被你拋棄的小型股策略剛剛開始走強，成為另一些人眼中的當紅炸子雞。

這樣的兩頭挨打，是否會讓你開始否定自己？畢竟投資七年下來一直虧錢，你還相信自己的投資方法嗎？我相信大多數肯定都不會了，而且還會把這些方法全部「拉黑」，從此以後堅決抵制它！

可是重新思考一下，難道真是我們使用的方法出現問題嗎？其實並不是。尤其是當你發現，這七年投資下來，只要堅持下去，無論哪種策略方法最後都能賺錢，只是你的操作不當導致虧損罷了，那你又會做何感想？

這種連虧好幾年的例子比較極端，因為在實際投資中，大多數人可能忍個二～三年就放棄了，但它還是為我們揭示了一個深刻的投資道理：無論哪種投資方法或技巧，都有其侷限，如果你不能堅持自己的信念，那就很難做到真正的透過時間複利來賺錢。因此，方法和技巧固然重要，但投資理念才是我們最應先掌握的東西。

妥善分配資金，只是開啟投資的第一步。接下來要做的就是為自己選定一個能夠長期堅持下去，並且一以貫之的投資理念。這樣才能讓我們的投資策略不迷惘、不落隊，真正實現財富自主，安心過生活。

什麼是「趨勢投資」

市場上的投資理念很多，比較主流的派系共有三種：**趨**

勢投資、量化投資和價值投資，本章節將為你介紹「趨勢投資」。這是一種源自資本市場誕生不久就已形成的投資理念，期間也曾出現很多與之相關的投資大師。它雖然有效，但駕馭難度極高，因此並非是一種可被多數人接受的投資理念。我們建議你將此一理念作為學習的一部分，而非作為投資的主心骨。

縱觀整個投資市場，以下兩種理念最受投資人追捧：一是價值投資，另一就是趨勢投資。所謂趨勢投資，是指投資者根據市場價格的運行趨勢來做交易的觀念。這裡的「趨勢」代表的是市場價格的波動規律，最早起源於「道氏理論」（Dow Theory）[1]。

道氏理論認為，市場價格走勢可以分為三種運行方式：日常波動、次級運動和基本運動。其中，「日常波動」的規模最小，一般只能持續幾天到幾周，具備很強的隨機性，基本上不容易被掌握；「次級運動」的規模居中，可持續幾周到幾個月，它可被認知但又很難被掌握；「基本運動」的規模最大，可持續幾個月甚至幾年，但它倒是可以被預測的。所以做趨勢投資，關鍵就要把握「基本運動」的運行規律，因為它往往代表了一輪「能被提前預知的大行情」，這樣一來，就能給我們帶來豐厚的投資收益。

通常來說，基本運動可以分為「上漲運動」和「下跌運動」，分別代表一輪「大的上漲行情」和一輪「大的下跌行

情」。對趨勢投資者來說，在「上漲運動」中，要敢於買進；而在「下跌運動」中，要捨得賣出。因此，若要對趨勢投資理念下個結論，可簡化爲「追漲殺跌」。

有人看到這裡，可能會疑惑：追漲殺跌不是投資大忌嗎？怎麼還有教人追漲殺跌的？沒錯，在價值投資者眼中，追漲殺跌確實是大忌；但在趨勢投資者眼中，一旦他們認爲某種趨勢已經開啓，那就應該順勢而爲，萬勿與趨勢爲敵。

值得一說的是，雖然近幾年價值投資理念遍地開花，但作爲資本市場的常青樹，趨勢投資理念從一百多年前便開始盛行，至今仍然擁有眾多支持者。投資方法絕無好壞之分，只有適不適合自己而已，價值投資之所以成爲主流投資方式，是因爲它的理念和方法簡單，適合更多的投資人。但我們也要熟悉更多的主流投資方法，才能妥善應對市場瞬息萬變的走勢。

趨勢投資具備什麼特點？若用一句話總結，關鍵就是要認清「趨勢」，然後順勢而爲。一般來說，又可分爲兩個部分，即分析趨勢和把握趨勢。

分析趨勢

許多趨勢投資者認爲，既然「趨勢」蘊藏在市場價格的走勢中，那麼市場價格本身就已經包含了一切必要資訊。所以我們只要正確分析市場價格的走勢圖，就能瞭解當前的市場趨勢。也由此，衍生出針對股票、黃金、期貨等交易市場

的「技術分析派」。

那麼，技術分析派又是如何借助「市場價格走勢圖」分析趨勢的？一般來說，又包括量價分析、圖形分析和指標分析這三個關鍵。

量價趨勢即透過市場成交量和價格的組合關係，分析市場未來走勢。

「量價分析之父」理查 · 威科夫（Richard Wyckoff），曾多次採訪傑西 · 勞里斯頓 · 李佛摩（Jesse Lauriston Livermore）、摩根大通集團（JPMorgan Chase & Co.；俗稱小摩）等投資大師。他發現這些人身上有一個共同點，就是喜歡將行情紙帶[2]作為自己的投資決策工具，並由此發現市場的基本運行規律。

要知道，那個年代還沒有電腦和手機，所有的市場交易資訊都是透過行情紙帶記錄的。所以查閱行情紙帶，其實就是對價格、成交量、時間等基礎交易資料進行匯總分析。換句話說，他們認為市場的運行規律，其實就藏在「在某些時間、以某些價格、買賣成交了多大金額」這些基礎資料上……。這樣的分析方式，其實是對股價漲跌做出一種新的解釋，即供需決定價格。

簡單來說，股價之所以上漲，是因為買進力量更大，供小於求；股價之所以下跌，是因為賣出力量更大，供大於求。而成交量和價格的關係（即量價關係），正是反映整個市場

供需關係的指標。因此，他們認為只要透過對量價關係的分析，就能大致理解市場未來的走勢，並由此衍生了量價分析技術。

　　圖形分析即透過分析市場歷史價格走勢圖，判斷股價未來的變動趨勢。它是在圖形中融入數學和幾何學思維，衍生而來的一套技術分析方法。這裡所說的歷史價格走勢圖，就是很多投資人常說的「K線」和「形態」。它們的區別是：K線是由開盤價、收盤價、最高價和最低價組合而成的圖形，往往代表一天內的股價走勢；而形態則是由多個K線組合起來的圖形，往往代表一段時間內（可能幾周到幾年）的股價走勢（見圖 3-2）。

　　在一些技術分析派眼裡，不同形狀、不同位置的K線和形態，有著不同的寓意。它們有的代表買方力道強，有的代表賣方力道強；有的代表行情準備要反轉，有的則代表行情將會延續。

　　此外，還有一些人會在K線和形態的基礎上，運用幾何學的方法來畫出各種線型，由此判斷圖形中的支撐價位和壓力之所在、趨勢的開始與結束等。

　　總的來說，圖形分析技術主要就是借助每天的開盤價、收盤價、最高價和最低價這些基礎資料，運用K線、形態、畫線等分析技術，完成對市場行情的大致解讀。

圖 3-2 K 線 VS. 形態 （示意圖）

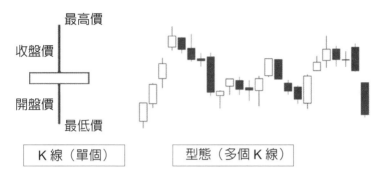

資料來源、製表：且慢基金投資研究所

　　指標分析即借助特定的分析指標，判斷股價未來的走勢，最常見的指標包括均線、MACD（指數平滑異同移動平均線：Moving Average Convergence / Divergence，）、KDJ（隨機指標）、布林通道（Bollinger Bands：B Bands）、乖離率（Bias Ratio：BIAS）等等。它們往往呈現為股價上的某種圖形或線條上，交易看盤軟體則會直接展示出來。

　　這些指標是怎麼來的呢？一般來說，它們是根據指標發明者提出的某種投資分析思路，提取某些市場交易的關鍵資料，再經過數學建模後製作出來的。

　　值得一提的是，在製作這些指標時，往往會使用到大量歷史資料，進行有效性驗證。只有當其達到一定成功率後，才會逐漸對外推廣。所以，每個人都可以發明自己的指

標，只是成功率往往有高有低；成功率若一直不高，它也會被市場慢慢淘汰的。

由於篇幅有限，而每種指標的原理不同、應用場景也不同，不可一概而論，容我們不在此處一一贅述。大家要記住：沒有穩賺不賠的投資方法，也沒有永遠有效的技術指標，所有的技術分析，自然都需要隨著市場的發展不斷更新、反覆運算。

對很多投資新手來說，指標分析是比量價分析、圖形分析更為簡單直觀的一種分析方式，所以它更容易受到人們的青睞。當然，在很多趨勢高手眼裡，指標分析的有效性或許不如量價分析和圖形分析，但請記住幾個自己喜歡的指標，用在關鍵時刻時輔助下判斷，這也是必不可少的一件事。

把握趨勢

前面說的量價分析、圖形分析和指標分析，本質都是為了分析行情，對當前市場趨勢做出判斷。但是如果我們已經看懂了趨勢，又該如何把握呢？

對趨勢投資者來說，這時往往需要建立一套自己專屬的操作準則。操作準則往往會包括三個部分，即選擇關鍵點、部位（Position）管理和設立停損點。

1. 選擇關鍵點。

趨勢投資的代表人物之一，股市大作手傑西 · 李佛摩（Jesse Lauriston Livermore）曾說：「如果我不是在接近某

個趨勢的起點進場交易，我就絕不會從這個趨勢中獲取多少利潤。」而這裡的「起點」，指的就是確定趨勢是否開啓的「關鍵點」。

換句話說，傑西・李佛摩認爲，趨勢形成的標誌就是當股價突破了某個關鍵點。而作爲趨勢投資者，如果不能在第一時間辨識出這個關鍵點並趁機入場，那就很難賺大錢，這便足以說明關鍵點對趨勢投資者有多重要。

那我們應該如何駕馭關鍵點？

首先要知道，前面說到的三種分析方法，雖然都能幫我們找出關鍵點，但並非總是正確的。關鍵點往往又是價格變化的急轉點，所以一旦判斷錯誤，就很可能迎來一波反向走勢。比如你認爲股價在突破某個價格（關鍵點）後會開始上

圖 3-3 突破關鍵點後的反向殺跌

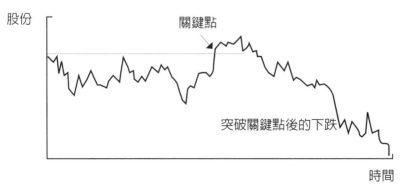

資料來源、製表：且慢基金投資研究所

漲，但結果剛一買進，股價就開始「反向下跌」，而且下跌力度比之前還大，這樣一來，必將損失慘重（見圖 3-3）。

因此，當關鍵點信號出現時，趨勢投資者往往不會急著下場去買，而是根據經驗判斷「真正突破」的機率，透過多種方法交叉驗證，最終只選擇較有把握的標的物出手。

2. 管理部位（Position）。

指的就是投資中的資金使用規劃。比如要出手時，是一次全買，還是分幾次買；賣的時候是一次全賣，還是分幾次賣；每次買多少、賣多少等等。

趨勢投資高手之所以能在各種市場環境下獲益，最重要的就是部位（Position）管理得當。好的部位（Position）管理，不僅可讓我們在迎接市場漲勢時有利可圖；更重要的是，在面對市場下跌時，還能有效控制虧損，保持良好心態並且有錢補倉。

如何具體做到部位（Position）管理呢？這其實和技術分析一樣，每位趨勢投資者都有一套自己的「方法」。一般來說，「金字塔模型」是趨勢投資者普遍使用的理念。所謂金字塔模型是指在建立部位初期，資金投入較多，而後隨著市場上漲，不斷縮小部位比例，結構最終呈現的就是一個「金字塔形態」（見圖 3-4）。

我們判斷一個趨勢的關鍵點是否出現，可以先投入 50% 的部位；如果驗證無誤，則尋找下一個進場買點，並投入

圖 3-4 「金字塔模型」部位管理（示意圖）

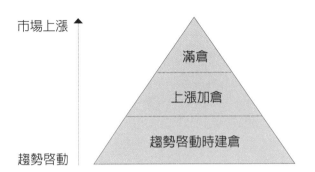

資料來源、製表：且慢基金投資研究所

30% 的部位；如果**趨勢依舊沒走完**，則尋找後面的買進點，並投入最終剩餘的 20% 的部位。這樣就能保證透過大部分資金賺到大部分收益，小部分資金也沒閒置，整體資金使用效率較高。

3.設立停損點。

指的就是在行情判斷錯誤的情況下，自己能接受的最大虧損比例。比如我們為自己設置的停損點是 8%，那買進後如果虧損達到 8%，無論後續行情如何，都要強制賣出，控制虧損。要知道，人生不如意十之八九，更何況做投資。世上不存在完美的投資方法，任何投資都有判斷失誤的時候。不管我們之前的分析有多精準，都要給自己預留後路。

停損點就是趨勢投資者的後手。「華爾街大空頭」傑西‧李佛摩（Jesse Lauriston Livermore）堅持把自己的首次虧損控制在 10% 以內，用他自己的話說，確保投機事業持續下去的唯一抉擇是，小心守護自己的資本帳戶，絕不允許虧損大到足以威脅未來操作的程度。由此可見，停損點對趨勢投資者來說到底有多重要。

如何具體設置及實施停損點呢？這則需因人而異，因為每個人對風險的耐受度都不同，尤其是在面對虧損時，我們的風險承受能力是會產生變化的。比如之前我們給自己設置的停損點是 10%，但帳戶實際跌到 5% 時，我們就已經受不了，茶不思飯不想，一心只想看帳戶，這時就需要把自己的停損點設置得更小一些。

所以，停損點不是用嘴巴定出來的，而是要根據自己的實際情況，透過實戰總結出來的。對每位趨勢投資者來說，如何設置與實施停損點，都需要經過長時間的沉澱，才能有答案……。

總結一下，想要做好趨勢投資，關鍵是要能認清趨勢，然後順勢而為。

如何認清趨勢？則可透過量價分析、圖形分析和指標分析等技術來進行。

如何順勢而為？可透過選擇關鍵點、管理部位（Position）和設置停損點，制訂自己的操作準則。

如何看待趨勢投資

前面內容主要講述了趨勢投資的基本觀念，還有一些操作方法，目的是瞭解「趨勢投資」。但如果我們想將它當成自己的投資理念，又該如何抉擇呢？

趨勢投資的優勢

如果有人問：爲什麼要選擇趨勢投資？相信大多數趨勢投資者都會回答三個字：賺錢快。之前說過，趨勢投資者的關鍵點，往往是價格變化的轉折點。如果選擇正確，很快就會迎來爆發式的獲利。

比如國內晶片設計的龍頭企業之一「紫光國微」，曾在2020 年 7 月初，突破了長達五年的壓力位，而後順勢開啓一段上漲行情。股價從 35 元附近直接漲到近 115 元，漲幅超過 220%（見圖 3-5）。以上資料均按照 2023.04.20 日的前複權價格計算。

作爲趨勢投資者，如果從此次關鍵點入場，到 115 元附近，大概只要十四個月；而前面那些從 2015 年就開始低價買進「紫光國微」的人，只有在堅守五年後，才能等到這波行情的啓動。換句話說，趨勢投資者只用十四個月，就能做到別人五年才做到的事。所以，一旦選擇正確，趨勢投資的優勢自然不言而喻，這也是很多投資人一直崇拜趨勢投資的理由。

圖 3-5 「紫光國微」股價走勢圖（之 1）

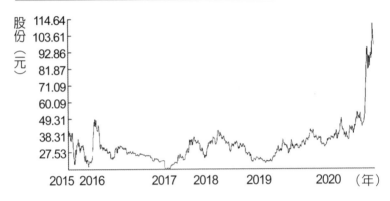

資料來源：萬得資訊、且慢投研

趨勢投資的弊端

雖然趨勢投資做對了，回本會很快，但若做錯了，風險也會非常大。我還是以「紫光國微」為例，類似的關鍵點曾經出現過至少五次，每次突破後，迎來的都不是上漲，而是一段長達幾個月的暴跌行情（見圖 3-6）。

一個趨勢投資者若只看到「信號」就買進，那很可能在前四次的「殺跌」中，就已經喪失了自己的投資信仰。所以對很多趨勢投資者，尤其是剛入門的投資者來說，雖有很多量價、圖形、技術指標等可作為分析行情的手段。但實際上，要判斷一段趨勢是否已真的開啟，難度其實很高。

就連傑西‧李佛摩都說：「在心理上預測行情就行了，但一定不要輕舉妄動，要等待，直到你從市場上驗證出所下

圖 3-6 「紫光國微」股價走勢圖（之 2）

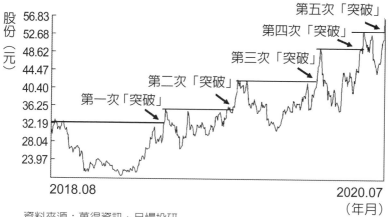

資料來源：萬得資訊、且慢投研

判斷是正確，到了那個時候，而且只有到了那個時候，你才能用你的錢去進行交易。」所以趨勢投資者常會陷入兩難境地，一邊是要求在趨勢一開始時就入場，否則賺不到多少利潤；另一邊是只有當市場證實我們的判斷是正確的，才能進場交易。

可以看出，要做好趨勢投資，除了要具備基本的分析功力，更重要的還有豐富的實戰經驗，以及懂得控制心緒。而這些都並非一朝一夕能夠完成。所以，一般投資者想做趨勢投資往往是知易行難。然而，趨勢投資的弊端遠不只此。以上這些困難，終究是有辦法克服。但有一點，則是一般投資大眾無論怎樣都無法克服的，那就是「時間」。

由於關鍵點往往是趨勢轉折點，之後無論上漲或下跌，

走勢都很迅猛。這就對趨勢投資者提出了一個既合理又難做的要求，即為盯盤。我們只有透過不斷看盤，才能從細微處發現不同，才能在第一時間抓住關鍵點，在第一時間決定要不要「上車」。畢竟一旦錯過，接下來的代價通常是巨大的。

還是以「紫光國微」這檔股票為例。2020.07.01當天，股價第五次突破關鍵點，並且出現漲停板（即當天達到10%的漲幅上限，見圖3-7）。如果這天我們沒有盯盤並及時進行操作，則無法順著當天的漲停走勢買進，只能等第二天再找機會「上車」。然而到了7月2日，「紫光國微」在開盤後，只花了三分鐘時間就再次高掛漲停板直到收盤。如果這三分鐘我們沒有盯盤並及時進行操作，或者還在猶豫，則會再次喪失「上車」機會（見圖3-7）。這時，相比那些更早

圖3-7 「紫光國微」股價走勢（2020.07.02）

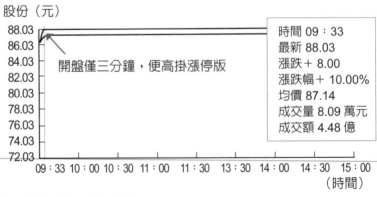

資料來源：萬得資訊、且慢投研

入場的人，我們的成本將被迫抬高十幾個百分點。

　　同樣的道理，如果我們那周剛好有事，沒來得及盯盤，那損失的可能就不是十幾個百分點這麼簡單了。因為短短七天時間，「紫光國微」的股價漲幅即高達 82.94%（見圖 3-8）。

　　可以看到，如果沒有盯盤並及時操作，哪怕只是短短幾天時間，你的投資收益就可能被遠遠甩開。那如果我們每天花點時間盯盤並落實操作，可以嗎？答案依舊是不行。因為市場的開盤時間往往和我們的工作時間重疊，一般投資大眾都無法適時盯盤。而前文也講過，對大多數人來說，把精力放在工作或副業上，獲得的好處應遠比盯盤來得快。

　　因此，趨勢投資雖好，卻不一定適合我們，如果要選擇

圖 3-8 「紫光國微」股價的急速上漲

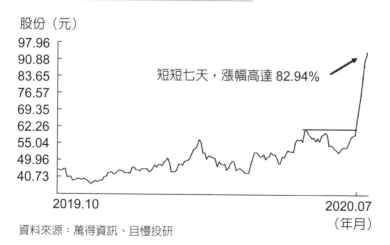

股份（元）

短短七天，漲幅高達 82.94%

2019.10　　　　　　　　　　　　2020.07
（年月）

資料來源：萬得資訊、且慢投研

趨勢投資作為自己的投資理念，就一定要審慎考慮，平衡利弊得失。

量化投資：讓規則決定投資收益

這部分將為你介紹「量化投資」，這是一種較新穎的投資觀念，也是未來投資界突破創新的重點方向。它能全面汲取趨勢投資和價值投資的長處，甚至將它們置於一個投資組合中；同時也能放大缺點，讓你感受到金融科技的衝擊。因此，和趨勢投資一樣，我們建議你將此理念視為一種學習，而非投資的主要理念。

什麼是「量化投資」

在講量化投資之前，我們要先提一個概念：主觀投資。

主觀投資就是我們在實際投資的過程中，包括大類資產配置、投資方向定調、投資標的選擇、買賣時點判斷，甚至控制部位（Position）等所有投資環節，都採用人工決策的方法來進行。換句話說，主觀投資就是以「我」為中心的一種投資理念，「我」是一切決策的基礎，哪怕「我」之前決定買 A，但到真正下手時，也可以臨時決定改買 B。一般來說，我們常用的投資方式都可歸為主觀投資。

而量化投資則不同，這是一種相對客觀的投資方式。也就是在投資過程中，部分或整體採取純粹客觀決策的一種投資理念。什麼是純粹客觀呢？就是一旦定下規則就絕不能更改。我們都知道，人是主觀的，容易受到周圍環境的影響。所以哪怕定下的是死規矩，我們也是有可能臨時改變的。而純粹客觀的決策則不同，它通常是由電腦程式來負責執行，程式一旦輸入，電腦只會執行，不會變通。

例如我們設定一個選股條件：ROE 代表淨資產報酬率，是淨利潤與平均股東權益的百分比，用於衡量公司運用自有資本的效率。哪怕有一天，有股票出現「ROE ＝ 21%，P／E ＝ 16」，那用在量化投資方法的規則之下，這檔股票都會被直接淘汰，因為它不合於要求。

但如果換成我們自己投資呢？我們肯定會回頭看看這是什麼情況。為什麼會差一點點過線？有沒有可能被錯殺？自己又要不要挽回？

量化投資是一種新的投資理念，它強調的並不是股票有沒有價值，也不是**趨勢**會不會形成，而是我們的投資是否足夠客觀。也正因如此，它可以汲取價值投資和**趨勢**投資的各項優點，形成一套左手價值、右手**趨勢**的投資方法。

當然，透過上述講解我們知道，量化投資其實非常依賴先進的演算法技術。在技術水準有限，資金和人力投入不足時，投資往往不會全由電腦取代，而是會選擇一部分人工，

一部分機器的折衷方案。所以，大家平時聊到量化投資時，只要投資中的某些環節採取了量化的方式，我們就可以把它歸爲量化投資的範疇。

如何看待量化投資

瞭解了量化投資的理念和原理，作爲一般投資大衆，我們又該如何看待呢？

其實從其介紹就可以看出，它的門檻很高，不是一般投資者能駕馭的。因此我們建議你可以試著把量化投資當成方法，不斷量化自己的某些投資環節。

怎麼理解呢？

當有了一定投資經驗，我們就會慢慢摸索出適合自己的投資方法。而這套方法往往在市面上難尋足跡。所以，不管市面上有多少量化產品，終究無法完全滿足自己的投資需求。這時，我們可以選擇退而求其次，借助量化的方法來優化自己某些投資環節，從而達成自己心中的量化投資。我們可以借鑑「資料化思維＋工具化流程」的邏輯來執行。

數據化思維

數據化思維就是嘗試把自己的投資標準不斷資料化。例如我們做的是價值投資，認爲當市場整體估值不貴時，就該多買，則可以拆解爲三個問題（以下均爲舉例內容，不做實

際投資建議）。

· 什麼是市場整體估值？

· 什麼叫做不算貴？

· 買進多少算是多買了？

如果把它資料化，可能會得到三個結論。

· 市場整體估值＝「滬深 300 指數」的市佔率。

· 不貴＝「滬深 300 指數」的市佔率，低於三年歷史分位點的 30%（考慮到估值下移的問題）。

· 多買＝每週定投金額在原有基礎上多 30%。

發現了嗎？只要把投資標準資料化，一個合乎心意的量化模型輪廓就出現了。

工具化流程

工具化流程就是根據自己的量化模型，不斷對投資流程進行改造。例如根據以上結論，可將目標物件的買進標準簡化為兩個流程。

· 流程 1：算出定投日「滬深 300 指數」的市佔率的三年歷史分位點。

· 流程 2：如果高於 30%，則正常定投；如果低於 30%，則投資 130%。

對於【流程 1】，傳統方法是，在每次定投日時進行手動計算。如果嘗試工具化改造，可以考慮透過 Excel 等工具記錄資料，然後透過公式進行自動運算；或者找到能查詢對

應資料的網站，然後關聯 Excel 進行自動更新、計算。

對於【流程 2】，傳統方法是根據每次計算的結果，進行手動投資。如果嘗試工具化改造，可以考慮透過程式設計技術或找到某個支援自動交易的網站／軟體，進行自動下單。

我們知道，人是感性動物，日常的手動投資或許僅是費時費力，但如果遇到大漲或大跌，我們原訂的投資計畫就很可能受情緒影響而發生變化。比如市場大跌，我們會因為畏懼而不敢加買跟進；市場大漲，也會因為貪婪而盲目買進。無論是畏懼買進還是盲目買進，這些投資行為都與我們起初設想的投資模型相違背。

長期來看，這多半是無益的。因此，堅持紀律很重要。之前，我們解決這類問題主要依靠個人心態，說白了，能否無懼震盪是關鍵。現在，如果能透過工具化改造這個流程，讓理性投資成功越過我們的感性決策，那就能在一定程度上解決這個問題。

總之，透過「資料化思維＋工具化流程」的思路，我們可以不斷改進自己的投資方法，使其越來越量化，有朝一日，終能達成自己的量化小目標。

但我們也應認識到，量化投資是把雙刃劍，它可以最大程度發揮其他投資的優點，但也能最大程度放大它們的缺點。核心在於你創造的是何種模型，又讓它以何種方式運

作。機器很簡單，複雜的往往是人。是否選擇量化作爲自己的投資方式，關鍵還是在自己。

價值投資：是金子總會發光

以下將爲你介紹價值投資。

價值投資是由「證券分析之父」班傑明・葛拉漢（Benjamin Graham）於二十世紀初在《智慧型股票投資人》（The Intelligent Investor）一書中首次提出的投資理觀念。作爲全球最主流的幾個投資理念之一，價值投資因具備簡單實用的特點，故而受到無數投資者的追捧。當中不乏一些像華倫・巴菲特、大衛・弗雷德里克・史雲生（David Frederick Swensen）以及彼得・林區（Peter Lynch）等當代投資大師。

尤其作爲班傑明・葛拉漢的眾多學生之一的華倫・巴菲特，憑藉價值投資理念帶來的優異成績，被大家讚譽爲「股神」，更多次登上全球富豪榜，吸引一大批價值投資信徒的追隨。和其他兩種主流投資理念不一樣的是，價值投資不僅有效且實用，特別適合一般投資人學習。

因此，我們建議你將此觀念作爲以下內容的學習重點，並將它落實在未來的投資裡。

什麼是「價值投資」

目前來說，沒有一個標準可以用來定義「價值投資」，但多數人認為，價值投資就是低價買進自己看得懂的績優股並長期持有，透過公司本身內在價值的增長，或股價對內在價值的均值回歸[3]，取得長期、良好、可靠的收益。

這裡涉及兩個關鍵字：內在價值和均值回歸。

所謂內在價值，就是一家公司到底值多少錢。價值投資者往往會透過公司的獲利能力、持續性、成長性等多種指標來進行綜合分析，對其內在價值做出評估。

所謂均值回歸，就是當一家公司的股價偏離其內在價值後，機率會向內在價值重新靠攏的現象。價值投資者往往會透過公司的市佔率、股價淨值比（Price-to-book ratio；PBR、P／B ratio）以及行業分析等方法，判斷公司當前的股價是處於高估、低估還是合理狀態，藉以決定是否值得投資。可以說，如果一筆投資脫離了內在價值和均值回歸，那就不會是一筆「合格」的價值投資。

從對價值投資的解釋中我們也能看到，價值投資者的收益來源主要有兩點：一是公司內在價值增長帶來的股價上漲；二是公司股價從低估到合理區間，進行均值回歸帶來的價差收入。所以，作為一名價值投資者，我們必須要培養自己辨識企業內在價值的能力，並能對當前價格做出有效評估，這

有錢人換你做

230

樣才能取得理想的投資回報。

待瞭解價值投資的基本概念，我們可以發現它其實並不複雜，不過看似簡單的操作，做起來可能並不簡單。而一名價值投資者往往會從以下三方面入手。

投資要預留足夠的「安全邊際」

巴菲特透過恩師班傑明・葛拉漢學到兩條重要投資規則：第一，永遠不要虧錢；第二，永遠不要忘記第一條。那麼，如何才能做到不虧錢？

班傑明・葛拉漢給出的答案是，「我大膽地將成功投資的秘訣精練成四個字—安全邊際」。

什麼是安全邊際？

根據班傑明・葛拉漢的說法，當股價明顯低於其內在價值時，其價差的部分就是「安全邊際」。所謂「內在價值」是指某企業本身值多少錢，但這個價值與外部環境無關。對一家企業來說，其內在價值可能是多樣化的，它可以包含企業的資產、負債、獲利情況、未來前景、淨現金流甚至品牌價值等多種因素。比如經過評估，某一家企業的股票內在價值是 5 元，但由於外部環境變化，股價跌到了 2 元。這時候，我們若以 2 元的價格買進，那多出來的 3 元，就是我們的安全邊際。

價值投資者普遍認為，企業的外部價格（股價）常常會圍繞其內在價值來回波動。所以，我們在進行價值投資時，應該關注企業的內在價值與價格之間的差異，才能為自己的每筆投資預留足夠的安全邊際。

放棄「撿煙蒂」，尋找「護城河」

價值投資理念的創始人是班傑明・葛拉漢，我們可用三個字來概括他的投資方法，那就是「撿煙蒂」。

在二十世紀三O年代初，資本市場發展尚未成熟，許多股票的價格大幅低於其帳面價值。於是，班傑明・葛拉漢透過自創的財務分析方法，從企業財務報表中發掘相關財務資訊，買進被嚴重低估的公司，從中獲利。由於這些公司常常便宜得像「煙蒂」一樣不值錢，所以這個方法也被稱為「撿煙蒂」。但是隨著資本市場的持續發展，撿煙蒂的人越來越多，煙蒂股卻越來越少，這個方法也就漸漸不再這般受歡迎了。

之後，在菲利普・費雪（Philip A. Fisher）的帶領下，價值投資理念步入「成長股」時代，也就是更關注企業本身的「成長性」。在費雪的投資原則中，有一條是要尋找具有「競爭壁壘」的企業。所謂「競爭壁壘」指的是企業的護城河，也就是企業靠什麼維持自己的賺錢能力。

有錢人換你做

正是由於護城河邏輯的加入，價值投資理念出現結構性改變，它不再一味強調要買下便宜貨，因為便宜當中可能蘊含著更多風險。相反地，更多的價值投資者開始尋找好公司，因為大家相信，長期來看，只有好公司才能創造更多利潤。巴菲特正是結合了費雪和班傑明‧葛拉漢的思想，方才構建起自己專屬的價值投資體系。

所以對我們來說，要做好價值投資，不僅要關注企業當前價格是否夠便宜，更重要的是要看它是否為一家好公司，它的護城河是否夠寬廣。

釐清、堅守自己的「能力圈」

能力圈是以巴菲特為代表的價值投資者最為推崇的投資原則之一。這個概念是巴菲特在 1996 年《致股東的信》中首次提出的：「你不必成為每一家公司或者許多公司的專家，你只需要對在你能力範圍內的公司進行估價。範圍的大小並不十分重要，重要的是，知道它的界限。」換句話說，巴菲特認為的「能力範圍」（即能力圈），是指你能對多少公司進行正確估價。比如，你能對三家公司進行正確估價，那你的能力圈裡就包含了這三家公司。

能力圈為何如此重要？因為投資市場非常殘酷，如果我們非要做自己能力範圍以外的事，就是在把自己的弱點暴露

給市場。不管此前我們賺了多少，市場都可能會在某一個時刻讓我們還回去。

正如一代投資大師、前麥哲倫基金（Magellan Fund）掌門人彼得‧林區（Peter Lynch）所說：「只要有60%的股票表現合乎預期，（你）就足以在華爾街創造一個傲人紀錄了。」所以，透過堅守自己的能力圈，只投資能力範圍內的股票或基金，就可以避免因不懂而盲目投資所犯下的錯，經受住市場的誘惑。

不過，有人可能會想，既然能力圈代表了自己的投資能力，那能力圈是不是越大越好？實際上，能力圈越大，代表你能投資的範圍越廣，相對來說當然越好。但對多數人來說，評估一個企業的市值並非易事，急於擴大自己的能力圈，結果很可能是揠苗助長，導致投資失敗。

所以比起擴大能力範圍，不如先試著釐清自己的能力邊界。正如巴菲特所說，如果你知道自己能力圈的邊界在哪裡，你將比那些能力圈比你大上5倍卻看不清邊界的人，更富有。

因此，作為一名價值投資者，要能辨識企業的內在價值，找到護城河夠寬廣的企業，在投資時要給自己預留足夠的安全邊際，並且堅守自己的能力圈以減少犯錯。這樣一來，相信我們離投資成功，就不遙遠。

如何看待「價值投資」

世界上沒有一樣東西是完美的，價值投資也是。一般來說，價值投資至少會有兩個優勢和兩個弊端。

價值投資的二大優勢

1. 讓人更安心。

無論投資有多重要，我們都得知道，投資不是生活的全部。很多投資觀念都在教我們要隨時把握市場動態，但作為一般投資大眾，我們必須捫心自問：自己真有這麼多精力嗎？相信答案絕對是否定的。而價值投資就不同，它不用時時盯盤，也不用在意市場漲跌，我們只要把精力放在投資物件本身的價值變化上就夠了。

作為一家公司，一個實際存在的經營團隊，它的基本面不會像股價一樣頻繁波動。所以，哪怕我們很關注自己的投資物件，也不用天天研究，因為那毫無意義。因此經常有人說，做價值投資的人，哪怕忘了自己的交易密碼，也一樣能掙錢。

2. 享受時間複利。

瞭解過趨勢投資的人都知道，趨勢投資者只有不斷游走於趨勢變化之間，並準確把握它，才能真正賺到錢。然而，哪怕是精通趨勢投資的大作手傑西 · 李佛摩（Jesse Lauriston Livermore），一生靠投資致富四次，巔峰時富可

敵國，最終也逃不過因投資失敗而破產的命運。所以長期來看，**趨勢**投資者幾乎無法做到複利增值，因為只要在**關鍵**時刻下錯幾步棋，過去賺到的財富就可能瞬間歸零。

但價值投資者不同，他們在勝率與賠率之間選擇了勝率。換句話說，一位合格的價值投資者，他的每筆投資機率大多是能賺錢的。就像巴菲特所說，價值投資者的一生可能只有二十筆投資，就像在一張卡片上打二十個孔，一旦這些孔被打滿，我們就不能再進行任何投資。所以，正是價值投資者謹慎對待每次投資，這才保證了他們的高勝率，得以持續獲利，最終實現複利增值。

價值投資的二大弊端

1. 金子會發光，但並非在今日。

前文說過，在價值投資者眼中，企業的外部價格始終會圍繞其內在價值波動，這個現象也被戲稱為「老人遛狗」。企業的內在價值就像一位正在散步的老人，雖然走得慢，但始終往前行；而企業的外部價格就像老人牽著的狗，雖會忽前忽後，但卻始終圍繞在老人身邊。

要知道，長期來看，狗會和老人一同向前，這是價值投資者的基本信仰。但短期來看，狗則更像在「隨機漫步」，喜歡自顧自地玩耍，不一定會追隨老人，有時甚至還會掉頭往回跑……。

所以，對價值投資者來說，只要是金子，早晚會發光，

但不一定是今天。畢竟狗玩得太盡興，任誰都沒有辦法。

2. 堅持原則，也會面臨原則窘境。

經過前面講述，我們知道，在*趨勢投資者*眼中，市場行情是「上不言頂，下不言底」的。所以，他們很少對一家公司進行估值。但在價值投資者眼中，一旦自己看中某家公司，就一定會想盡辦法對其進行估值，他們會圍繞自己的能力圈，設置自己的安全邊際，直到公司股價跌到自己的安全邊際內，才會出手。然而，正是因為這樣的堅持，導致價值投資者經常錯過行情。比如在一次採訪中，巴菲特就說過一個錯失的大好機會。

當時我們打算買進大量 Costco（好市多）的股票，但我犯了一個最常見的錯誤。我們開始買好市多的股票以後，股價就一路上漲，但我沒追。如果好市多的股價一直橫在 15 美元，我就會買到足夠的量，買的比我實際上買進還要多。

可以看到，巴菲特當年對好市多股票設置的價格錨點大約是 15 美元，當股價超過 15 美元時，基於自己的安全邊際原則，巴菲特沒有出手。然而，之後好市多的股價就一飛沖天，再也沒機會買進了。這就是價值投資者面臨的原則窘境之一。

相比其他投資理念，價值投資更重視原則。這是因為價值投資本身，就是基於某些重要的原則推演來的，不像其他很多投資理念是基於*歸納法*。所以，真正的價值投資者，性

格中往往也帶有很強的堅持。他們喜歡做有價值的事情，不喜歡賭博；喜歡物有所值，不喜歡虛幻的泡沫；喜歡獨處、冷靜思考、做出獨立判斷，不喜歡跟風從眾。因此，他們才能在人們犯錯時勇於出手，買到「便宜貨」。然而也正是因為這種強調原則、重視性價比，希望股票既好又便宜的投資性格，導致價值投資者在進行交易時，時常出現很多自己特有的原則窘境。

總之，相較於其他兩種主流投資觀念，價值投資更適合一般投資人。我們在學習價值投資時，不僅要活用優勢，同時也要包容不足，只有這樣，才能真正落實價值投資。

---

1. 一個關於美股市場創造財富方式的理論，奠基人為美國道鐘斯指數發明者，查爾斯・亨利・道（Charles Henry Dow），該理論大膽預測，股票會隨著市場趨勢產生變化，藉以反映市場趨勢和狀況。
2. 類似現在的各家券商推出的股票交易軟體，因為當時電腦尚未問世，只能透過電報傳送市場報價資訊，有時還會有專人複誦寫在行情報價板上的公告。
3. 意指某項資產價格隨時間的推移而趨近於市場均價。當市價低於過去的均價，就有可能被買進，預期價格則會上升。當目前的市價高於過去的均價，預期價格就會下降。

3.2 投資小白也能做到 「價值」投資

🐷 我很普通，但我也能完成價值投資嗎？

為何要推薦價值投資？

上一章介紹了幾個截然不同的投資風格，在眾多風格裡，為什麼價值投資會會成為主流呢？

要回答這個問題，我們必須先回顧價值投資的定義：價值投資是以夠低的價格買進自己能力範圍內的績優股並長期持有，透過公司本身內在價值的增長，或股價對內在價值的均值回歸，取得長期、良好、可靠的收益。所以，價值投資者的收益來源有二：一是公司內在價值增長帶來的股價上漲；二是公司股價從低估到合理區間，進行均值回歸帶來的價差收入。

舉個例子：企業 A 現在的估值是 10 倍本益比，每股盈利是 2 元，則它的股價是 10×2 ＝ 20 元（編註：本案例為簡化情形，不考慮分紅、配股等）。

兩年後，市場認為 A 是一家具備前景的公司，哪怕公司

這兩年公司因為投入資金轉型，獲利並未增長，10 倍的本益比顯然是被低估了。於是市場給予 A 的新估值為 20 倍本益比，每股盈利依然為 2 元，此時它的股價是 20×2 ＝ 40 元。兩年前 20 元買進持有至今，賺到估值上漲的一倍收益，就是上述企業價格從低估向合理回歸的差價。

五年後，A 的營收不斷增長，每股獲利上漲到 20 元，而此時公司也逐漸進入成熟期，市場給予它的估值回檔到 10 倍本益比，此時它的股價是 10×20 ＝ 200 元。如果投資者七年前以 20 元買進持有至今，賺到企業盈利上漲的收益，就是上述企業內在價值增長帶來的價格上漲。

透過上述案例，我們不難看出，價值投資者在投資過程中，一是實現了價值發現，找到低估的優質企業，給予它合理的定價；二是陪伴優質企業一起成長，分享經營成果。在價值投資者眼中，股票不是籌碼，更不是一連串的代碼，它代表著企業的所有權。買下一家企業的股票，相當於成為這個企業的股東，企業透過經營為社會創造價值，並獲得商業回報，作為股東的我們也因此獲利。可以這麼說，這種投資獲利的方式是良性的、可持續的，甚至是有成就感的。

投資大眾的價值投資

作為一般投資大眾，我們選不出好公司，不懂得判斷價

格高低，沒有能力直接參與股票投資，這樣還能做好價值投資嗎？

　　表面上，價值投資是透過投資企業去獲得估值差價，以及企業成長帶來的收益，但實際上價值投資更是一種理念，即便不直接參與股票投資，我們也能運用價值投資的觀念來幫助自己妥善理財。

　　如果深入理解價值投資的理念，就可以幫助我們有效避開這些誤區。比如價值投資強調以好價格買好資產，這告訴我們不能在市場太貴時進場；又如，價值投資強調與企業為伴，透過長期持有獲得回報，這告訴我們不應頻繁交易，不該只想著賺快錢；再如，價值投資還強調要在能力圈之內做選擇，這就告訴我們選基金也好，挑股票也罷，都要在自己的認知範圍內投資才對。

　　總之，價值投資的觀念是普遍適用一般人的，即便我們不直接參與股票投資，也並非是專業投資人，卻也能運用價值投資來攫取長期穩定、良好、可靠的收益。

適合一般投資大眾的最佳資產

什麼是好資產

　　投資時，要用便宜的價格買下好資產。對於好資產，大

家的理解可能天差地遠，這也不奇怪，正因為理解不同，大家才會有不同看法，進而才會有交易。

如果用一句話來概述好資產的特性，能穩定、持續產生越來越多現金流的資產，就是好資產。

什麼意思呢？

舉幾個例子。例如位於雙北市蛋黃區的房子可說是優質資產。這些房子租出去，可以產生穩定的租金（現金流），而租金能隨著人們收入的增加而提高，也就是說，現金流會越來越多，這種現金流不僅穩定，而且很可能會逐年增大，可說就是優質資產。

例如，台積電在晶圓代工領域具有壟斷地位，帶來了無與倫比的流量，輕鬆實現日進鬥金。這種優勢地位短期難以撼動，會推動台積電的收入持續增長，因此也是優質資產。

透過以上幾個例子，提及的公司僅做舉例之用，不構成投資建議，投資有風險，入市需謹慎。可以概括出優質資產的共性，即能源源不斷地創造現金流和利潤，且機率會越來越多。

我們投資一項資產，無論中間有過多少交易，把所有的投資者看作一個整體，其最終的獲利來源，只能是透過資產而來的現金流。

好資產的背後是什麼？

明白了什麼是好資產，還可以再進一步思考：好資產背後是什麼？是什麼原因使它成爲好資產？

人們想來想去，把原因歸結爲「護城河」或「經濟商譽」這樣的詞彙。護城河會帶來競爭優勢，使資產免於受到激烈競爭帶來的困擾和傷害，能夠獲得持續的現金流和超額利潤。比如優質房產的護城河在於地段，因爲地段是唯一的、不可再生的；高速公路的護城河在於其具有局部的壟斷性，除非車流量超載，否則不會新建一條相似的公路。

在我們身邊，還有很多這樣的例子，我們尋找和辨別優質資產，就是找出那些具有護城河、能持續創造越來越多現金流的資產。相反，那些沒有護城河的生意或資產，一直處於競爭的威脅中，難以穩定創造現金流，很容易破產倒閉。

適合投資大衆的好資產？

對於一般投資大衆而言，投研能力的限制，讓我們很難在幾千檔股票中找到好資產，比較可靠且易行的辦法是借助公募基金，間接買到好資產。

比如投資 ETF 等股票型基金，包括各行各業裡的績優企業，在競爭中不斷勝出或被淘汰。持有這樣的基金，就相

當於被動地持有那些勝出的好資產。此外，在新興市場裡，透過投資主動型基金，也能讓專業的基金經理幫助我們沙裡淘金，選出好資產。

當然，任何資產都會匹配一個價格區間，再好的資產也要有一個合理的出價，尋找到好資產只是做好投資的第一步，第二步是要用合理的或者便宜的價格來買進和持有這些好資產。

🐷 如何買到好資產？

我們已經知道了什麼是好資產，但做好價值投資，找到好資產就夠了嗎？換句話說，好資產是在任何時候都值得買進嗎？

我們不妨先來看一下巴菲特投資可口可樂的案例。

1988 年，巴菲特開始買進可口可樂的股票，往後的十年裡，可口可樂一直是巴菲特的第一或第二重點股，巴菲特在這檔股票上獲利超過 10 倍。可口可樂作為一家家喻戶曉的公司，強大的品牌讓其始終保持著飲料行業內的競爭優勢，護城河既深又廣，對手難以取代，反映到財報上的就是公司的 ROE 長期維持在 30% 的超高水準。可以說，可口可樂的股票就是典型的好資產。

不過，如果你在 1998 年聽聞巴菲特在這檔股票上獲利

10 倍便急著跟進，你將面臨的是未來兩年逾 60% 的虧損，以及往後十幾年的漫漫回本路。是什麼導致投資者買進同一檔股票，會出現如此不同的結果呢？

關鍵就是買進價格不同。

當巴菲特在 1988 年買進可口可樂時，股票的估值為 15 倍本益比，而到了 1998 年，可口可樂的估值有 48 倍本益比，估值貴了 2 倍有餘。時至今日，可口可樂依然是巴菲特的加碼重點股，可口可樂的品牌在人們心中的地位也沒多大改變。可是，用不同價格買進這一好資產的投資者，其投資結果卻有天壤之別。由此可見，除了資產本身的品質，買進價格也十分重要。

好資產＋好價格＝好投資

在確定了好資產後，價值投資者又是如何找到好價格的呢？好東西多半不便宜。好資產變便宜的情況不多，一般有以下幾種。

1.「王子落難」。

當好的企業遭受了短期的利空打擊，但這個打擊又不足以致命，不會影響長期競爭力，企業可從困境中走出來。當出現這種情況的時候，短期股價下跌，會給我們提供**買進機會**。這些利空短期對企業打擊很大，但優質的企業具備競爭力，最終恢復元氣。反而是那些弱小的競爭對手可能過不了這道坎，就此倒下，反而優化了競爭格局。

2.「泥沙俱下」。

當股市處於深度熊市，或因某種事件暴跌時，優質的企業也可能跟隨大盤一起下跌，這時就會出現好價格。比如2004年～2005年的熊市後期和2015年的「股災」時，優質企業被誤傷，便出現了便宜的價格。

3. 擁有超越市場的認知水準。

你如果比別人看得遠，看得深，有更好的前瞻性，就能更早便是出低價的優質企業。當其他人認為這個企業不便宜時，你因為看到企業深層次的競爭力而認為便宜。

如果事後回顧，你的判斷正確，那你當初買的價格就是便宜的價格。

以上三種情形，「王子落難」需要你對企業有著深刻理解，買進時才能有逆市場的勇氣；「泥沙俱下」需要市場先生配合，給你一個匪夷所思的低價；「擁有超越市場的認知水準」則需要你的能力恰好可以理解和辨識這個企業。

所以，便宜買進看似簡單，實則很難。更重要的是要有耐心，不去追高，堅持住自己的原則。

一旦出現優質企業暴跌的機會，則一定要敢於加碼參與。隨著市場的成熟，優質企業出現明顯被低估的機會通常很少見，我們可以降低預期，用合理價格買進。優秀的企業總是會帶來驚喜，長期來看，即使是用合理價格的買進，仍能給我們帶來良好的回報。

說完了怎麼買，再聊一聊怎麼賣。其實，知道了怎麼買，也就知道了怎麼賣，因為買進

的邏輯消失時，就是考慮賣出的時刻。一般來說，賣出的情形有三種。

第一種是企業變得不便宜了，甚至被高估。再好的企業也要搭配一個合理的價格，市場先生報出一個遠超內在價值的價格，就可以考慮賣出。

第二種是企業不再優質了。優質的企業好比肥沃的土地，如果有一天變成鹽鹼地且難以恢復，我們買進的邏輯就沒有了，這時候也需要考慮賣出。

1896 年，道瓊工業平均指數（Dow Jones Industrial Average）誕生，裡面涵蓋了當時最優秀的十二家公司，截至今日，這十二家公司已有十一家退出歷史舞台，僅剩的一家也是虧損嚴重，早早便被踢出了指數……。

並非這十二家公司不優秀，而是因為全球經濟更新換代太快，決策者一個小小的失誤，就會使企業迅速消失在歷史長河中。長期來看，能保持競爭力的企業很少見，所以我們要定期檢視自己選中的企業，看看它有沒有變成鹽鹼地。

第三種是發現了更好的標的物或投資機會。當發現有其他標的物潛在收益比手裡的更好，或者收益差不多的情況下風險更小、確定性更高，這時也可以考慮賣出。

🐷 做「時間」的朋友

我的投資為何不賺錢？

價值投資的觀念其實很簡單，不外乎以下四點。

1. 買股票買進的是公司的部分所有權。

2. 安全邊際：要以低於內在價值的價格買下好資產，預留犯錯的餘地。

3. 市場先生：市場先生是個瘋子，我們預測不了它的行為，但可利用它做到低買高賣。

4. 能力圈：投資人需持續學習建立一個屬於自己的能力圈，在能力圈範圍內去做投資。

因此，一筆好的投資需要具備以下幾點。

1. 好資產：只有好資產才是時間的好友，才能創造持續的長期回報。

2. 好價格：即便是好資產，買進價格太高依然難以取得好收益。

3. 時間：好資產需要時間讓價值增長，好價格也需要時間等待市場先生寵幸。

對於基金經理人而言，我們省去了挑選個股的高難度工序，無論是選擇被動型基金 [1]，還是選擇主動型基金 [2]，大多都能滿足好資產的要求。而縱觀歷史，A 股市場整體極度昂貴的時間並不多，買太貴是投資不賺錢的原因之一，但並

非主因。

　　投資基金不賺錢最重要的原因還是出在時間上。大多數投資者並未真正理解價值投資，沒有耐心慢慢變富，只想著賺快錢、賺大錢。買了基金過幾天不賺錢就想著賣出，看到最近漲得好的基金就想買進，白白浪費了應有的收益。

一筆投資需要多久才會賺錢？

　　為什麼價值投資需要長期觀察？

　　第一，即便是好公司也會有經營週期，也會經歷宏觀經濟週期，只有足夠長的時間，好公司才能跨越週期，展現獲利；第二，從公司被市場冷落處於低估到被市場發現而均值回歸，再到被大眾追捧產生泡沫，估值的變化也需要時間；第三，讓複利成為第八大奇蹟的大好時機。

　　相對於股票投資者常須面臨長達七～十年的等待，基金投資者在時間上的感覺無疑要好一些。因為基金透過持有一籃子公司股票，已經妥善分散了公司個體經營的風險，基金經理人專業的分析能力也能規避一些公司估值過高的風險。我們選用萬得偏股混合型基金指數為研究物件，研究任意時點買進持有不同期限的收益情況。

　　（圖 9-2）展示的是歷史上任何時點買進，持有不同期限後年化報酬率的最大值、最小值和中位數。可見，持有期

越短，最好情況和最壞情況下投資收益的差距極大，僅持有一年的情況下，有可能是報酬率超過 200%，也有可能是虧損率超過 50%。

當持有時間逐漸拉長，最大值和最小值顯著朝向中位數收斂，持有期超過七年以後，無論買點好壞，年化報酬率的差距都會變小，中位數也穩定在 10% ～ 12%。

（圖 3-10）展示的是該指數不同持有期取得正報酬率的概率，結論也跟（圖 3-9）相互印證。任何時間點買進，當持有期在三年以下時，取得正報酬率的概率低於 80%，意味著有超過 20% 的日子買進後，持有三年卻仍是虧損的狀態。

圖 3-9 不同持有期的年化報酬率

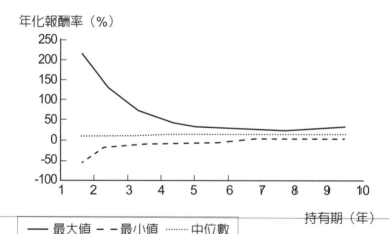

資料來源、製表：且慢基金投資研究所

圖 3-10 不同持有期的正本益比機率

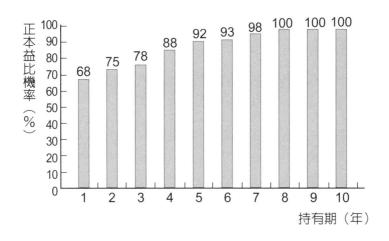

資料來源：萬得資訊，偏股混合型基金指數，統計區間為 2003.12.31 ～
2021.04.22

隨著持有期變長，投資取得正報酬率的機率也逐步提高，當
持有期在八年以上，則歷史上任何時點買進，都會是獲利的
狀態。

　　巴菲特曾在致股東的信中說：「雖然我認為五年是一個
更合適的時間段，但退一步說，我覺得三年絕對是評判投資
績效的最短週期。」好資產在漫長的歲月裡，享受到的是累
進的增值，好的基金經理人管理基金，長期來看也會有不錯
的表現。如果考慮進行權益投資，那不妨多給予它些耐心，
至少以三年的週期來衡量結果。

🐷 耐心——投資人最重要的美德

日本有個著名的典故：杜鵑不啼，它說的是日本戰國時期叱吒風雲的三位人物，即織田信長、豐臣秀吉、德川家康。

人問：「杜鵑不啼，欲聞其啼，如之奈何？」

信長曰：「杜鵑不啼，則殺之。」

秀吉曰：「杜鵑不啼，則逗之啼。」

家康曰：「杜鵑不啼，則待之啼。」

這個典故刻畫出了這三位人物的性格和命運。

織田信長崇尚武力，以狂風暴雨般的氣勢幾乎統一了日本，而一場「本能寺之變」卻其功敗垂成；豐臣秀吉善於玩弄權術，在信長之後完成統一大業，而一場庸人自擾的對外挑釁，招致國力大損，最終鬱鬱而終；德川家康從小歷經磨難，隱忍執著，熬死了前面兩位而奪得了天下，開創了長達二百六十年的德川幕府時代。

放在投資上，織田信長像是一名賭徒，時而拋空持股，時而加中槓桿，滿手股票，追求的是市場即時回饋所帶來的快感。

豐臣秀吉像是一名善於技術分析的菜籃族，透過鑽研各種戰法來快速致富；德川家康則更像一名資深的價值投資信奉者，大道無形，耐心等待機會。

願意慢，未必慢。

時間是價值投資者最好的朋友，耐心是價值投資者最重要的美德，讓我們以耐心滋養，等待複利之花的綻放。

---

1. 基金經理人主動採取各種策略，選取投資標的、決定進出場時機，以取得比「整體市場更好」的報酬率為目標。
2. 以達到跟「整體市場相同」的報酬為目標，經理人習慣參考市場上的指數組成成分，隨機調整持有標的。

Chapter 4

投資達標

4.1 如何穩健投資

一般投資人的三大錦囊

牢記自己的投資目標

受很多行銷宣傳的影響，投資理財往往會和財富自由這個詞聯繫起來。

「每個月定投 1,000 元，年化報酬率 15%，四十年後你就能成爲二千多萬元身家的富翁。」類似的說法你應該在很多地方都看到過，這可能也是很多投資新手願意學習的動力來源。

從數學的角度，複利公式沒有問題，但現實中這樣的結果很難實現。其中的難點，就在於要如何保持「年化報酬率 15%」。

剛接觸投資時，我們可能都喊過「一年 5 倍」、「每月 10% 報酬率」的豪言壯語。然而這樣的機會，往往需要十分的運氣、過人的勇氣再加上獨到的眼光才有可能把握這麼一次兩次，試問誰能確定自己就是這個天選之子呢？所以普通

有錢人換你做

投資者的投資理財方案，其實是基於現實問題做出的回答。

　　合理規劃你的財富資產，做好職業發展、結婚、育兒、養老等不同人生階段的資金配置，在保障財務狀況穩定的前提下，實現資產的保值增值。

　　所有投資理財的初衷，都應該為生活本身服務，讓我們在人生這場漫長的馬拉松裡，能擁有更加從容的姿態和自由的底氣。

找到適合自己的產品

　　大多數人在接觸投資時，會把主要精力放在挑選產品上。但基金也好，保險也好，這些金融產品都不是普通的商品，不是喜歡的、好的、划算的產品，就能直接買下。

　　對於金融產品，好不好只是其中一個因素，合不合適才是做決定最關鍵的因素。以某重倉互聯網行業的基金為例，雖然一天可以實現超過 20% 的漲幅，但也需要在持有過程中承受一天 -5%、-9% 的跌幅。這樣日常的大幅波動，拿小筆資金試試手氣倒還可以，但拿錢重押這種基金就不一定適合多數人了。

　　保險也是這樣的道理，假設你花了大把時間研究了海量資料，找到一款性價比極高的網紅重疾險，在投保時才發現身體有個小毛病，健康告知不過關，那這個好保險也未必適

合你了。

　　資源配置是經濟學的一個核心原理。投資理財的本質是實現錢的有效配置，因為錢總是稀缺的，通過投資理財能讓合適的錢做合適的事，這樣才能讓手頭上稀缺的錢發揮最有效的作用。

　　這一點在生活裡也能找到佐證，因地制宜，因人善用，上至區域經濟規劃，下至公司人員任用，最重要的智慧，就是要找到合適的平衡點。

修練管理情緒的能力

　　喜歡看武俠小說的朋友應該深有體會，在大多數主角修煉升級的過程裡，往往最後一關都是要和自己的心魔打上一架。打贏了自然就是海闊憑魚躍、天高任鳥飛的大歡喜結局，打輸了則前功盡棄，只能從頭再來。只有能駕馭情緒的武林高手，才能有圓滿的結局。

　　對投資這件事來說也是如此，情緒管理能力對投資結果，非常重要。

　　投資的本質是在交易未來不確定性的預期，這意味著所有的投資會始終與價格波動相伴，我們將常常面對恐懼和貪婪情緒的考驗。今天樂觀情緒比較多，市場價格就高一些，明天悲觀因素比較多，市場價格就低一些。

但從長期來看，價格是圍繞著資產價值波動的。資本市場的波動是無法避免的，掌握了這一規律，不僅能使投資者保持平穩的情緒，甚至還能從波動中獲益。

畢竟看待市場的時間週期不同，只有從當前的交易中跳出來，才能不畏浮雲遮望眼，才能識得廬山真面目。資本市場最大的規律和常識是，短期恐慌下跌不改長期上漲趨勢。

選擇了什麼樣的角度，就選擇了什麼樣的心態和投資框架。接受波動，回歸理性，管理情緒是每一個投資者終身的修煉課程。

避開投資常見的邏輯誤區

很多耳熟能詳的故事中都有反派角色，他們會不惜一切手段將潛在的天才主角扼殺於搖籃之中，這是人性猜疑鏈博弈的現實結果。

如果說投資像在修煉一門獨特的武功心法，那麼學會這些武功心法的前提，當然是盡可能地保護好自己，不被潛在的敵人早早盯上。對於基金投資，這個潛在的敵人往往不是外部的，而是我們頭腦裡根深蒂固的思維方式。

所以，對於投資新手，建立一份關於思維誤區的「負面清單」是必要的，它能成為我們投資路上的掃雷指南，讓我們少走許多冤枉路。

線性思維：看排行榜買基金

根據基金排行榜來買基金，是很多投資新手常做的事。這麼做的原因與過往的生活經驗有著莫大關係，例如當我們到一個陌生的地方，往往會依據廣大網友的好評排行來選擇當地的美食餐館。

群眾的眼睛是雪亮的，這一點規律在生活裡得到了廣泛驗證。

不過基金投資有著獨特的地方，我們簡單地從結果來看，追高殺低是股市裡常有的事情，這意味著大多數投資者的投資結果都是虧錢居多。那麼，當我們再根據投資者選擇的基金去買基金，這種做法的結果自然可想而知。

我們再從理性的角度來看這件事，基金排行榜其實也是線性思維誤區的外在表現，嘗試用過往歸納的結果來線性推演未來的結論，簡單得出「好的基金未來會更好」的結論。

究其原因，成為某一年度的冠軍基金和墊底基金，大機率是因為基金本身的風格、行業配置極端化，遇到市場春風時就是冠軍，逆風時就成了墊底基金。然而，市場風格千變萬化，沒有人能抓住每一次輪動、遇到每一次春風，冠軍不會是永遠的冠軍，最後一名也不會永遠墊底，這就是這兩種策略都不成功的主要原因。

對於主動管理型基金，基金經理是靈魂，基金經理的能

力、願力和投資觀才是決定未來基金表現的關鍵因素。而對這些因素的考量需要我們打破線性思維的簡單推論習慣，在發展中不斷驗證和修正邏輯。

獲利公式：報酬率 ≠ 收益

許多投資新手在剛開始投資時都會癡迷於研究哪檔基金報酬率高，哪檔基金今年有機會翻倍，哪檔基金值得買。雖然我們可能已經花費了很多時間和精力去試圖回答這些問題，但很大機率是找錯了方向。

作為一位新手，上路前我們要做的不是選出更好的引擎，而是先加滿油，讓汽車可以跑起來⋯⋯。

收益 = 本金 × 報酬率

大多數人，特別是年輕人真正缺少的是汽油，是本金。明白我們的真正目標是收益而不是報酬率後，在投資上的心態就會更加從容，我們不會再因為買了十塊錢的基金是賺了100% 還是虧了 50% 而擔心，而是會從整體財富的視角去規劃自己的投資行為，特別是在市場波動期的時候。

有股票交易經驗的人會知道，當看好一檔股票開始建倉的時候，一般會先買一部分試水，很少會直接持滿手股票，殺進市場。

如果買入後，股票下跌，大家自然而然會接著買入，在

攤平成本的同時完成建倉。如果剛買完第一筆，股票就飛漲，其實是很鬱悶的。因為沒買夠才是最難受的。明明看對了也買了，但賺得很少。

第一筆的成功買入，因為運氣或其他因素看似報酬率較高，卻因為本金太少沒有給我們帶來最終的高收益。在看對的時候重倉，才能賺到大錢。畢竟我們是來賺收益的，不是來賺報酬率的，收益與報酬率之間，還需要本金來轉化。

認識到這一點後，我們就能更加理性地看待市場下跌的情況，才能讓我們以便宜的成本，投入足夠的本金。

年輕投資者大部分在二十～四十歲，職業生涯還有幾十年，我們更多的財富，主要是後續工作的收入現金流，而不僅僅是當前的積蓄。所以，不論是股票，還是基金，我們現在買的倉位，站在全生命週期的角度看是很少的，即使市場大跌，對我們整體財務情況的傷害也不大。

如果市場一直處於合理或低估的位置，我們可以持續把手中的零錢、閒錢投進去，在不貴的價位上，積累出足夠多的持股水位。但如果我們剛開始投資沒多久，市場就開始大漲，其實也意味著我們買便宜籌碼的機會變少了，難以讓我們的財富上一個台階。

對獲利公式有了清晰認識後，就不會再去追求十塊錢買了某檔基金賺了 100% 的虛幻，而是回歸投資的理性本身，努力讓投資收益真正對生活產生幫助。

錨定效應：被成本價束縛交易

賣出也是基金投資的重要環節，但俗話說「會買的是徒弟，會賣的才是師父」，賣出並不是一件容易的事。賣出基金就像是情侶分手，有以下這些原因。

1. 當初愛它的理由消失了（你當初看上這檔基金的原因是什麼？是跟風買進還是真正看見它的好？）

2. 相處後才發現，彼此不合適（接受不了大波動的人，不適合重押成長型基金。）

3. 目前有更好的選擇（這裡需要慎重，不然就是顧此失彼。）

特別提醒，最終的賣出決策，不應該與你的買入成本掛鉤。事實上，除了自己，沒有人知道你的成本，市場走勢不會因為你的買入成本而不同，也不會因為你是賺錢還是虧錢而產生任何變化。但心理上的錨定效應，會讓我們緊緊盯住當初買入的價格思考。賣出時，我們應該關心的是這兩個問題：

1. 手上現有的資產，是否還是好資產？

2. 現在的價格，貴不貴？

根據這兩個問題做決策，把買入成本忘掉。投資做到最後，就是做減法，抓住投資中最核心的問題：找到好資產或優秀的基金經理，在市場不貴的時候盡可能多地買入，然後

在時間的複利效應下迎來收穫。這也是我們常說的長期投資觀念：好資產＋好價格＋長期持有。

近因效應：眼前的事情會被放大

在某社群平台上曾經產生過一個熱門的問題：

一買基金就開始下跌，我該怎麼辦才能獲利？

心理學稱這種現象為「近因效應」（Serial-Position Effect）[1]，即在一連串發生的事件中，我們會優先關注最近發生的事情。

心學大家王陽明有一句很經典的話，描述的恰恰就是這種現象：「你未看此花時，此花與汝心同歸於寂。你來看此花時，則此花顏色一時明白起來。便知此花不在你的心外。」無論你看不看花，都會有花開花謝。花始終是花，只是看到的時間不一樣。市場漲跌波動是客觀存在的規律，但對不同時間關注到股市的人來說，股市的面貌也是截然不同。

你問被套在 6,124 點的股友們，他們會告訴你股市十分殘酷，最好早早離場。反觀你問在 2,440 點大舉買進入場的投資新手們，他們會告訴你股市根本就是提款機，是你幫自己賺進人生第一桶金的好所在……。要破除這種心理效應帶來的誤區，方法並不難，那就是把自己放到離市場遠點的地方，以整體的視角來理解投資這件事。

有錢人換你做

這與我們前面所提到修煉情緒的方法是一樣的。從以日為週期到以月為週期再到以年為週期，不斷拉高的視角會讓我們更容易看清市場趨勢的全貌，而非每天十分隨機的波動漲跌。

　　以上就是關於基金投資最為典型的思維誤區，值得大家時刻保持警惕，避開導致虧損的可能，然後才能走進基金投資賺錢的大門。

---

1. 一種心理學現象，指人們傾向於對先看到和最後見到的事物，存在著更好的印象。一般又可分為初始效應（Primacy Effect）和時近效應（Recency Effect）。

4.2 「四筆錢」資產配置（案例）

　　在前面的章節，我們介紹了基於四筆錢的投資理念和投資方法，最後一章我們將用幾個案例來為大家展示如何運用這些理念和方法規劃好自己的四筆錢。由於每個人的投資認知、風險偏好、理財需求等不盡相同，四筆錢的配置也應該是千人千面的。大體上我們可以遵循以下邏輯來一步步確定自己的四筆錢。

　　1.先預留至少三個月的薪資收入／生活支出，這主要用於應急，資金可主投在高流動性的貨幣基金。

　　2.再騰出三年內有明確用途的資金（如買車、孩子的教育基金），資金主投在相對穩健的「固收＋」類產品。

　　3.同時配置必要的保障型保險（如醫療險、意外險、定期壽險），有需要的話，可增加年金險。

　　4.最後，把三年以上不用的閒錢用來長期投資，可依照自身的風險偏好做選擇，並根據資本市場的位置，隨時進行滾動式調整。

　　下面我們將以四位處於不同人生階段、具有代表性的投資人做為案例，為大家解釋如何運用四筆錢框架，協助大家妥善投資。

有錢人換你做

💰 探索階段

處於探索階段者，一般是剛接觸投資不久、資金不多的年輕族群，年紀普遍在三十歲上下。因投資經驗不足，尚未建立一套專屬且適合自己的投資系統，此時的重點在於試錯和探索，因為較年輕加上欠缺資金，可以更積極地投入在長期投資的配置上。

小宋，今年二十八歲，理財經驗較少，幾年工作下來也積攢下了 30 萬元的本金，其中有 10 萬元，是計畫一年半以後要用的買車款，其餘資金尚無明確用途，目前每個月還有 2,000 元的結餘，可用於長期投資。

根據四筆錢框架，小宋可以將這 30 萬元資金分為以下四筆錢（見圖 4-1）。

首先，預留 3 萬元作為活錢，用於生活應急。如有預期外的支出或是遭遇失業等風險，活錢便可派上用途，可考慮把這筆錢配置到可隨時存取的貨幣型基金、銀行活期存款等產品中。

再拿 10 萬元用於穩健理財，例如為買車預留資金。考慮到這部分錢的取用期限在三年內，因此需要控制波動，但同時又希望能獲取高於活錢的收益，因此可考慮配置在獲利較積極的偏債類的產品上，例如「固收 +」基金。

之後可拿 5,000 元購買保障型的保險應對重大風險。根

據小宋的情況，可優先配置醫療險、意外險和定期壽險，每個人面臨的風險不同，具體配置建議諮詢保險顧問。

剩餘的 16.5 萬元可作為長錢，用於長期投資上。考慮到小宋較年輕，每月還有薪資收入，未來的薪水成長也有很大的上升空間，整體風險耐受能力較高，即便短期虧損也有足夠的時間等待資產價值回歸，因此，小宋可考慮配置較多的權益資產來做長期投資，藉以爭取更高的收益。

圖 4-1 「探索階段」的四筆錢配置

總體規劃金額
300,000.00 元

● 活錢管理	10.00%	30,000.00 元
● 穩健理財	33.33%	100,000.00 元
● 長期投資	55.00%	165,000.00 元
○ 保險保障	1.67%	50,000.00 元

資料來源、製表：且慢基金投資研究所

不過，正如前面章節所提到，好資產也需要在出現好價格時買進並持有，長期投資的配置並非一成不變，需要根據

市場情況，動態調整持有部位，權益資產性價比越高，配置應越多，性價比變低時，則可調整部位轉到債券或貨幣資產上，爭取實現長週期的「低買高賣」。

最後，小宋每月結餘的 2,000 元，可視爲是長期現金流，不妨考慮進行長期定投，慢慢累積資產。但考慮到小宋較年輕，這筆資金也能主投在權益資產上，若處在市場被高估之時，則可改爲以債券或貨幣資產爲主力，並對已有的權益資產，進行一定比例的減持。

黃金階段

處於這個階段的人，通常都有過投資經驗，例如經歷過兩輪以上牛熊週期，同時還處於年富力強的生命階段，故而此時就屬投資的黃金期，一般以年屆三十～五十歲的青壯年者居多。

大劉，今年三十三歲，正式邁入賺取薪金收入的高峰期，理財經驗豐富，透過資產，錢滾錢所帶來的收益也在逐步增加中，幾年下來共攢下了 50 萬元的本金。加上這時即將步入結婚生子階段，例如每個月需要固定償還房貸，這代表著家用支出將開始大幅增加。

根據四筆錢框架，大劉可將這 50 萬元資金分為以下四筆錢（見圖 4-2）。

圖 4-2 「黃金階段」的四筆錢配置

總體規劃金額
500,000.00 元

● 活錢管理	12.00%	60,000.00 元
● 穩健理財	41.54%	207,715.20 元
● 長期投資	42.46%	212,284.80 元
○ 保險保障	4.00%	20,000.00 元

資料來源、製表：且慢基金投資研究所

首先，預留 6 萬元作為活錢，用於生活應急。這筆資金通常預留 3 ～ 5 個月是比較適合的，但這個階段的家用支出較大，所以我建議不妨多預留一些，以應對預期外的支出。這筆錢必須取用靈活，所以可考慮把資金配置到貨幣基金、銀行推出的各項理財方案。

再拿 20 萬元作為穩錢，進行穩健理財。這時正是家庭的主要消費期，因此，理財的主要內容是合理安排家庭建設

的支出，同時鑒於財力仍不夠強大，千萬不能盲目地把全部資金重押到高波動資產中，需要適當控制波動。因此，建議配置一些偏債類的金融商品，例如「固收 +」基金。

可再用 2 萬元購買保險，應對風險。根據大劉的情況，如果之前已配置醫療險、意外險、定期壽險等，那麼也可以開始適時地把家庭其他成員的保險一併配置起來，例如兒童需要的教育基金，老人家需要的醫療、意外等項目。

之後若還有預算，則可考慮用年金險為自己規劃養老金或孩子的教育金，藉以獲取未來穩健的現金流，可視為是一筆「壓倉底」資產，保證未來剛需資金的下限。每個家庭情況不同，具體配置建議諮詢保險顧問。

剩餘的 20 萬元作為長錢，用於長期投資。這個時期距離退休和孩子上大學比較遠，仍應著重於長期增值，保障和改善未來的生活水準，實現多年後退休、子女教育等長期財務目標。考慮到大劉正值年富力強階段，每月薪資收入優渥，甚至未來還有一定的上升空間，整體風險耐受能力較高，因此，可考慮配置較多的權益資產來爭取更高的長期投資收益。

最後，大劉每月結餘的 4,000 元長期現金流，可以進行長期定投，慢慢累積資產。但考慮到大劉年齡不大，這部分資金也可擺在權益資產類型的商品上。

白銀階段

　　處於這個階段的人，一般都是從黃金階段走過來的。此時他們多半擁有更多的投資經驗，也透過工作及投資存下了相對豐厚的財富，一般年齡落在五十歲到屆齡退休者居多。

　　因為隨著年齡增長，人不可避免地會發生適應變化能力的退化，尤其是當他們面對像投資這種會隨時產生變化的新事物時，這種現象尤為明顯。而影響最大的莫過於無法接受本金虧損。特別是當投入本金已達一定規模時，通常只需一個 10% 的虧損，便可能吃掉前十年的大部分獲利。

　　因此，這個階段不應再過度追求投資上的高彈性，而是將重點放在穩健複利上，務必保留住黃金階段時奮鬥而來的勝利果實，並用餘溫讓其繼續生長……。此時，對應的投資者多半屬於穩健型或平衡型，以免承受過大的虧損風險為主。

　　老王，今年五十二歲，是個長期在股市出入的資深股友，投資經驗豐富，對市場很有自己的一套見解。工作剛滿三十年，目前已退居二線，不再負責前線業務工作。孩子如今也已大學畢業，老家的房貸、車貸也還得差不多了，除了還有少部分貸款和保險費用尚未結清，平時就只有一些吃喝玩樂的零用開銷，基本沒什麼大筆支出要擔憂。

　　他今後的想法很簡單，主要有兩點：一是即將要退休了，希望把股票的投資比例再降一下，讓投資報酬更穩定；二是

想提前嘗試培養一些新的興趣，讓自己的晚年生活更加豐富，包括每年固定的旅遊活動，所以想在這方面多投入一點資金。

　　根據四筆錢框架，老王可將這些年照顧家庭後，手頭剩餘的 70 萬元本金，分為以下四筆錢（見圖 4-3）。

　　首先，預留 10 萬元作為活錢，大約為三～五個月的收入，可用於生活應急。如果有預期外的支出，活錢就可派上用場，不妨考慮把這筆錢配置到可隨時存取的貨幣型基金、銀行推出的各項理財方案等。

圖 4-3 「白銀階段」的四筆錢配置

總體規劃金額
700,000.00 元

● 活錢管理	14.29%	100,000.00 元
● 穩健理財	47.86%	335,000.00 元
● 長期投資	34.99%	245,000.00 元
○ 保險保障	2.86%	20,000.00 元

資料來源、製表：且慢基金投資研究所

其次，預留 33.5 萬元作爲穩錢，用於穩健理財，主要爲培養退休前十年的興趣愛好而來，以及募集旅遊基金，其中還包括一些爲降低資產波動而主動減持的股票。

計畫每年用 5,000 元來學習新事物，培養新的興趣愛好；同時用 15,000 元進行假期旅行，一方面爲拓展自己的眼界見識，另一方面爲自己未來的養老居住地預做打算。考慮到這筆錢主要用在旅遊和培養興趣上，花錢時間並不固定，因此爲圖省心，老王可先將其統一歸爲穩健理財品項，優先配置一些偏債類的產品，例如「固收＋」基金，兼顧收益和波動，之後待計畫逐漸完善，再看看是否需要將部分資金用作長期投資上。

再其次，預留 2 萬元作爲保障，主要用於購買保險，用以應對風險。根據老王的情況，若之前已爲家庭配置齊全保障，此筆預留資金主要將用於完成後續交費。如初次投保，該年齡段可選擇的保障型保險範圍有限，主要考慮醫療險、意外險。在該階段可多爲老年生活做打算，在勞保退休金之外，多準備一筆年金險爲自己搭建第二份養老基金，這筆固定的養老現金流可按月或按年領取至終身。但因每個人的情況不同，具體配置建議亦應諮詢保險顧問。

最後，剩餘的 24.5 萬元作爲長錢，用於長期投資，爲以後的退休生活做準備。考慮到老王的實際情況，這個階段對資產虧損更加敏感，因此建議短線進出的投資標的，最高

不要超過 55%，甚至應該壓更低一些……。只有保持穩健或平衡的投資觀念，才能穩穩守住財富成果，爲自己的退休生活，增添助力。

🐷 守成階段

處於這個階段的人，投資經驗豐富，但收入和支出卻開始下降。在這個階段，應該更加注重風險管理和健康管理，開始逐步落實自己的退休大計。

具體的資產配置應以穩健理財爲主，搭配部分長期投資，同時要預留 10% ～ 20% 的活錢以防額外的醫療開支。

老李，今年六十五歲，剛剛退休，工作一輩子總計存下 100 萬元積蓄，子女們也紛紛成家立業，不用他再操心，終於可以享受幸福的老年生活。目前每個月有固定 5,000 元的退休金可用，健保和其他商業保險也配置齊全。

根據四筆錢框架，老李可將資金分爲以下四筆錢（見圖 4-4）。

首先，預留 15 萬作爲活錢管理之用。隨著年齡的增長，身體健康將成爲人生最大風險，這筆錢可作爲自己和老伴的應急開銷。退休後最大的變化是現金流極速下降，只能依靠每個月的退休金來生活，所以抗風險能力肯定是下滑居多，整體投資更應偏向保守爲佳。

圖4-4 「守成階段」的四筆錢配置

總體規劃金額
1,000,000.00 元

● 活錢管理	15.00%	150,000.00 元
● 穩健理財	60.00%	600,000.00 元
● 長期投資	23.00%	230,000.00 元
○ 保險保障	2.00%	20,000.00 元

資料來源、製表：且慢基金投資研究所

　　其次，用 60 萬元來進行穩健理財，這筆資金務必力爭可實現資產保值。退休後可多發展自己的興趣愛好，辛苦一輩子，終於有大把時間享受人生。在這期間，旅遊用度、培養興趣愛好的開銷會上升，資本市場的投資將成為自己的興趣開銷「募資」的主要來源。

　　之後，可再用 23 萬元作為長錢，進行長期投資，這筆錢是用來增值。老李對於投資比較感興趣，可透過這筆資金進行投資理財，把投資也培養成一種愛好。因為有前面 15% 的活錢和 60% 的穩健理財打底，所以即使市場出現大

幅波動，對整體帳戶的影響也不大，假設長期投資部分下跌30%，相比整體帳戶也就是下跌 6.9%，若再算上活錢和穩健理財的收益，那麼虧損會更低。這種資產配置的核心就是控制整體帳戶的波動，不為市場波動而操心。

最後，留下 2 萬元來配置一些老年人專項保險。老李在年輕時已把保障型險種全部配齊，醫療險和定期壽險這類長期險種也已繳清，只需交一年期險種的保費，如醫療險和意外險。因為保障型保險買越早，價格越便宜，保障越豐富，等到六十歲之後才想配置，不僅價格更貴，很多時候往往由於健康因素而難投保。如有財富傳承方面的考量，可透過投保人壽保險，在保險顧問指導下設計合理的保單架構，將遺產留給指定的子孫或特定人。

前面的章節中我們說過，在不同的生命週期階段，需要根據不同階段的情況，調整理財觀念、策略，才能妥善根據個人或家庭不同時期的特點，合理分配家庭收入和投資資金，做到既可保證生活需要，並讓結餘的資金有效保值、增值。

上述案例是根據不同階段、不同人設的投資認知、風險偏好、理財需求等進行規劃。其實市面上有很多金融產品，但由於錯誤的買賣時機，讓大家無法取得產品本身的收益，更別說讓資金保值增值。因為，「買」與「賣」其實是一個系統問題，不同的兩個人由於持有部位的差異、風險偏好不同，最後就是讓「買」與「賣」的答案，也不一樣。

因此，不同階段的人在參考四筆錢配置方案時，還要結合自有的持股部位及風險偏好來調整。例如前文提及處於人生「黃金階段」的大劉，這時的投資策略理應更有章法，以形成並持續優化自己的投資體系才對。簡單說，此時的投資重點就是下重本，找到一個適合自己，敢砸重金投入，同時又具備彈性的資產配置方案。

如果大劉的風險偏好是積極型或平衡型的，那麼在可承受的範圍內，盡量提高短線操作標的物的投資上限（注意：上限高不代表持續處在高水位，也要考慮市場情況，可參考表 4-1）。

表 4-1 四筆錢配置表

類別	低配	中低配	中配	中高配	高配
穩健型 （最大虧損約 7%）	5%	10%	15%	20%	25%
平衡型 （最大虧損約 15%）	15%	25%	35%	**45%**	55%
積極型 （最大虧損約 25%）	25%	40%	55%	**70%**	85%

資料來源、製表：且慢基金投資研究所

人生說短不短，說長也不長，畢竟不是每個人都能像華倫‧巴菲特、查爾斯‧托馬斯‧蒙格（Charles Thomas Munger）一樣，年近百歲還可保持敏捷的思考能力和學習熱情。

普通人的一生，相對來說較適合投資的時期是「黃金」和「白銀」兩個階段，最多就是三十甚至四十年。我們也應盡可能讓這兩個階段的時間佔比變大，例如趁早學習投資理財、關注身體健康等。

　　總之，投資是一輩子的事，一定要在適合自己的路上行穩致遠。

| 識財經 |

有錢人換你做：管好 4 筆錢，財富滾雪球

作　　者—且慢基金投資研究所
視覺設計—徐思文
主　　編—林憶純
企劃主任—王綾翊

總 編 輯—梁芳春
董 事 長—趙政岷
出 版 者—時報文化出版企業股份有限公司
　　　　　108019 台北市和平西路三段 240 號
　　　　　發行專線—（02）2306-6842
　　　　　讀者服務專線— 0800-231-705、（02）2304-7103
　　　　　讀者服務傳真—（02）2304-6858
　　　　　郵撥— 19344724 時報文化出版公司
　　　　　信箱— 10899 台北華江橋郵局第 99 號信箱
時報悅讀網— www.readingtimes.com.tw
電子郵箱— yoho@readingtimes.com.tw
法律顧問—理律法律事務所 陳長文律師、李念祖律師
印　　刷—勁達印刷有限公司
初版一刷— 2024 年 7 月 19 日
定　　價—新台幣 360 元

版權所有 翻印必究

（缺頁或破損的書，請寄回更換）

時報文化出版公司成立於 1975 年，並於 1999 年股票上櫃公開發行，於 2008 年脫離中時集團非屬旺中，以「尊重智慧與創意的文化事業」為信念。

有錢人換你做：管好 4 筆錢，財富滾雪球／且慢基金投資研究所 作 . —初版 . —
臺北市 ： 時報文化出版企業股份有限公司 , 2024.07
　　　　　 280 面 ； 14.8*21 公分 . —（識財經）
　　　　　 ISBN 978-626-396-215-6（平裝）
　　　　　 1.CST：理財 2.CST：投資 3.CST：資產管理
　　563　　　　　　　　　　　　　　　　　　　　　113005433

ISBN 978-626-396-215-6
Printed in Taiwan.